CONTES ET RÉCITS DE L'HISTOIRE DE CARTHAGE

Collection « Mythologies » dirigée par
Claude AZIZA

L'« Entracte » a été imaginé par
Annie COLLOGNAT
Marie-Ange LAMENDE
Nicole RASTETTER

Jean DEFRASNE

Contes et récits de l'histoire de Carthage

NATHAN

« EST MOLLES FLAMMA MEDULLAS... »
« La flamme dévore le tendre cœur... »
ÉNÉIDE, ch. IV.

Loi n° 49 956 du 16 juillet 1949 sur les publications destinées à la jeunesse : mars 1995.

ISBN 2-266-06522-X

AVANT-PROPOS

Carthage apparaît sous le signe du feu... Il semble qu'autour des syllabes noires et mates de ce nom prestigieux se tordent les flammes : elles montent, redoutables et sacrées, du temple de Moloch ; elles tourbillonnent en rougeoiements sinistres autour de la cité jetée à bas par la hargne romaine ; elles empourprent encore le ciel carthaginois quand déferlent sur l'Afrique les hordes vandales et enfin quand se pressent autour des murs reconstruits les étendards verts d'Hassan d'Égypte.

Feux de l'amour aussi, ardeur de la passion : la flamme dévorante consume la tendre reine Didon, la fière Sophonisbe ; elle emplit de brûlante haine le cœur fidèle du fils d'Hamilcar ; elle ravage, impérieuse comme la grâce divine, l'âme d'Augustin...

Il est d'ailleurs ambigu, ce signe du feu, ce Moloch par qui tout est détruit pour renaître purifié. Ainsi, la ville en cendres se reconstruit à chaque fois plus belle et plus ordonnée ; les héroïnes de chair et de sang meurent pour revivre plus nobles dans les vers des poètes ; par cette ardeur qui le brûle, le conquérant dépouille ses petitesses et se dessine un profil immortel ; et dans l'âme dévastée par l'incendie de la Grâce, le saint est né...

Sans doute, les Carthaginois brûlèrent parfois de passions moins élevées. On ne peut nier cet amour bien phénicien de l'or, venu de Tyr avec les bateaux d'Élissa. C'est lui qui lança la flotte d'Hannon sur les chemins de l'aventure à travers des mers inconnues ; lui qui soutint la fidélité des vétérans d'Hannibal au milieu des périls d'une terre étrangère. Et c'est lui aussi qui attisait entre les riches familles de Carthage des rivalités mortelles pour l'État ; qui alluma contre la cité la révolte des mercenaires ; qui inspira le pauvre Bassus, creusant opiniâtrement la terre de ses jardins pour y découvrir les lingots d'un trésor chimérique.

Et l'on a souvent évoqué leur cruauté, leur perfidie. Mais, en fait, nous ne connaissons guère la Carthage punique qu'à travers les calomnies de ses ennemis : après l'implacable destruction de 146 av. J.-C., il ne restait plus rien pour témoigner en faveur des vaincus. La parole était à Rome seule, et comment Rome aurait-elle pu parler avec sérénité de ceux qui avaient si longtemps humilié son orgueil ? C'est un procès sans avocat : n'attendez qu'un réquisitoire.

Mais lorsque l'antique cité s'abîmait dans les flammes avec ses temples, ses terrasses, ses jardins, ses palais, ses œuvres d'art, ses bibliothèques perdues à jamais, et qu'à Rome un Sénat cupide ne savait qu'applaudir au sac d'une ville regorgeant d'or, où étaient les « Barbares » ?

Ce n'est pas un Scipion Émilien, pleurant sur les ruines de Carthage, qui peut faire oublier tous les Catons bornés de la curie...

Parcourant aujourd'hui les ruines de Carthage dans une Tunisie fraternelle, qui d'entre nous ne ressent avec émotion le souvenir de la grande cité disparue ?

J. et M. L. D.

I

DES BATEAUX VENANT DE TYR...

C'était il y a bien longtemps, à cette époque incertaine où l'histoire se perd dans la brume de la légende ; où seuls les héros magnifiés par l'art des poètes dessinent en traits éclatants sur l'horizon de l'oubli leurs exploits, leurs vertus ou leurs crimes devenus exemplaires.

En ces temps très anciens, les louves rôdaient encore parmi les halliers sur les pentes sauvages des collines, là où se dresserait un jour la ville qu'on appellerait Rome...

En ces temps-là, sans doute, la grande Troie dorait encore le marbre de ses palais au soleil phrygien. Le roi Priam comptait avec orgueil sa nombreuse postérité et, du haut des remparts inexpugnables, les vieillards d'Ilion regardaient, tranquilles, les flots souriants où le vent ne gonflait que des voiles amies...

Le long de la mer d'Ionie étaient assises de riches cités comme Tyr la Phénicienne dont les habitants, habiles commerçants et marins intrépides, étaient renommés à travers toute la Méditerranée.

Or, le roi Tyron, qui régnait sur cette ville, mourut un jour. Il laissait comme héritiers deux enfants : Pygmalion, son fils, et Élissa, une jeune fille d'une très grande beauté.

Bien que Pygmalion fût très jeune à la mort de son père, le peuple de Tyr le réclama comme roi, tandis qu'Élissa épousait Acerbas, son oncle maternel, ainsi que le voulait la coutume du pays.

Mais, bientôt, les rapports entre le frère et la sœur devinrent fort tendus. En effet, le nouveau souverain qui était d'une incroyable cupidité jalousait Élissa dont l'époux Acerbas possédait de grandes richesses.

Bientôt, l'image de ces trésors qui ne lui appartenaient point l'obséda tellement qu'il décida de tuer son beau-frère et de s'approprier ses biens. Un jour, il pénétra dans la demeure du malheureux qu'il surprit désarmé, en prières devant l'autel domestique, et il l'égorgea sauvagement.

Mais il eut beau fouiller toute la maison, il ne trouva pas ce qu'il cherchait : en effet, Acerbas, qui connaissait la cupidité de Pygmalion, s'en méfiait et, bien loin de garder chez lui le fameux trésor, il l'avait fait enfouir profondément sous la terre.

C'est donc en vain que Pygmalion avait commis un crime qui violait toutes les lois divines et humaines...

Devant le forfait de son frère, l'horreur d'Élissa fut inexprimable et, tandis que les servantes faisaient la toilette funèbre du pauvre corps exsangue, elle jura que jamais Pygmalion n'entrerait en possession de ce trésor qui avait été mortel pour l'infortuné Acerbas.

« Et que feras-tu, pauvrette ? lui disait la vieille nourrice. Il saura bien te faire céder. Tu es désormais seule au monde et, malgré son crime, Pygmalion demeure ton unique famille. Puis il est le roi de cette ville, tandis que toi tu n'es qu'une faible femme. Notre lot à nous autres est de nous soumettre quand nous n'avons plus d'époux qui nous protège, pas de fils qui nous défende, hélas !... »

Mais la frêle jeune femme était animée d'une résolution inébranlable.

« Non, je ne plierai pas, répondit-elle à Barcé. Par ce meurtre inexpiable, mon frère a pour toujours aboli les liens qui nous unissaient. Désormais, j'en fais le serment, je lutterai contre lui de toutes mes forces et, fidèle au souvenir de mon époux lâchement égorgé, je quitterai ce royaume en arrachant à la cupidité de Pygmalion ces richesses qu'il convoite jusqu'au crime ! »

Élissa n'ignorait pas que l'arme féminine est la ruse. Aussi, après avoir pleuré son époux selon les rites et effectué les purifications prescrites, elle accorda à Pygmalion l'entrevue qu'il lui demandait.

Le roi, mal à l'aise, épiait le visage de sa sœur. Mais il n'y lisait qu'un profond découragement et nulle trace de haine. Allons, tout n'était pas perdu !

« Chère sœur, lui dit-il, je voudrais que tu m'accueilles avec l'amitié d'autrefois. Je ressens un vif chagrin de la mort de notre oncle. Je le jure, je n'entrai point dans sa demeure avec une intention criminelle. Mais nous nous sommes pris de querelle, Acerbas m'a insulté, moi, son roi, et j'ai dû défendre mon honneur. Les dieux savent combien je regrette le tort que je t'ai fait en t'enlevant un époux chéri ! »

Comme Élissa, pâle dans ses vêtements de deuil, l'écoutait sans protester, il se hasarda à continuer :

« Mais je souhaite réparer mon crime envers toi autant qu'il est en mon pouvoir. Je veux que ma sœur trouve auprès de moi l'appui et la protection qu'elle a perdus. Me feras-tu confiance ? Qui désormais peut te défendre mieux que ton frère et ton roi ? »

Élissa garda un moment le silence, puis elle répondit :

« Je sais que tu dis vrai, Pygmalion, et que tu regrettes ce qui est arrivé. Hélas, en effet, je me sens bien abandonnée. Dans cette demeure solitaire, tout m'afflige, tout me meurtrit le cœur. Partout, je crois revoir mon cher Acerbas, et ma douleur se ranime !

« Puisque ton affection semble m'y autoriser, je vais te faire une requête. Si tu le permettais, j'irais vivre près de toi, discrètement, dans un coin du palais afin d'échapper à ma solitude et à mes douloureux souvenirs. »

Pygmalion dissimulait à grand-peine sa jubilation :

« Chère sœur, dit-il, je suis heureux que tu aies eu cette pensée. Tu retrouveras à mon palais la place qui t'est due, non point une place écartée, mais une des premières comme au temps de notre père. Dès que tu le souhaiteras, je t'enverrai de mes gens pour aider aux apprêts de ton départ et t'escorter dans ta route. »

Le roi comptait bien qu'ainsi les trésors d'Acerbas lui reviendraient avec sa sœur et qu'il obtiendrait donc par la ruse ce que son crime ne lui avait pas procuré...

Élissa avait parfaitement deviné les pensées de son frère. Dès lors, elle prépara en secret sa fuite, entra en contact avec quelques seigneurs ennemis du roi et décidés comme elle à quitter la ville. Puis, quand tout fut prêt, elle fit prévenir Pygmalion que rien ne la retenait plus et qu'elle souhaitait abandonner définitivement sa demeure pour le palais royal.

Lorsque les envoyés du roi parurent, Élissa les accueillit avec un air mystérieux :

« J'ai besoin de vous, leur dit-elle, pour une mission de confiance. Tous mes biens ne sont pas ici dans cette maison. Les plus précieux sont entreposés sur un bateau mouillé en ce moment dans la crique voisine. Je voudrais que vous les débarquiez et que vous les emportiez au palais. »

Alléchés, les serviteurs de Pygmalion montèrent à bord sans le moindre soupçon. Ils ne doutaient pas que ce fût là le fameux trésor d'Acerbas, sur lequel le roi leur avait bien recommandé de mettre la main !

Mais que se passe-t-il ? Tandis qu'ils dénombrent avec curiosité de gros sacs entassés au fond du navire, voici qu'on lève l'ancre et que des marins surgis on ne sait d'où appuient sur les rames ! L'écume vole, le navire a bientôt gagné la haute mer. Ils crient, ils protestent, mais en vain !

Enfin, Élissa paraît et leur dit :

« Si vous le désirez, vous pouvez encore quitter ce bord ; je ne m'y opposerai pas. La mer est calme et la côte peu éloignée. Vous ne manquerez pas d'être recueillis par quelque barque de pêcheur.

« Mais quel accueil vous réservera le roi en apprenant que le trésor d'Acerbas lui échappe encore, et cette fois par votre imprudence ? N'en doutez pas : les plus cruels supplices vous attendent si vous retournez à Tyr.

« Au contraire, si vous acceptez de tenter avec nous la fortune de la mer, nous irons ensemble fonder en terre étrangère une nouvelle Tyr. Nous retrouverons une autre patrie. »

Après s'être concertés, les envoyés du roi admirent qu'Élissa avait parlé sagement et choisirent de l'accompagner sur les routes de l'aventure...

Pendant ce temps, le roi Pygmalion attendait paisiblement ses serviteurs, estimant que leur retard était de bon augure. Les trésors d'Acerbas devaient être nombreux et pesants pour que leur transport durât si longtemps !

Quand il commença à s'inquiéter, le navire d'Élissa, poussé par un bon vent, approchait des côtes de Chypre...

L'enquête que mena le roi Pygmalion lui révéla bien la vérité. Furieux d'avoir été joué, il médita d'armer sur-le-champ les plus rapides de ses vaisseaux afin de rejoindre Élissa et de l'obliger à rentrer dans sa patrie.

Mais les prêtres, consultés, l'en dissuadèrent. La colère des dieux s'abattrait sur lui, dirent-ils, s'il osait poursuivre la fugitive.

« Élissa, déclarèrent les devins, est destinée à fonder par-delà les mers une cité nouvelle, fille de Tyr, qui surpassera en gloire sa métropole. Aux portes de l'Hespétrie, entre l'écume des flots et le sable des déserts, la ville d'Élissa est distinguée déjà par le regard favorable des dieux immortels.

« Malheur à qui s'opposerait à leur immuable volonté ! »

Les conseillers du roi approuvèrent les prêtres et le roi dut s'incliner malgré son dépit...

Pendant que ces graves questions se débattaient au palais de Tyr, les exilés abordaient à Chypre, l'île d'Aphrodite, où les habitants leur faisaient un accueil chaleureux. La jeunesse exécuta devant eux ses danses les plus gracieuses et des festins eurent lieu en leur honneur.

Non seulement les Tyriens purent trouver dans cette île hospitalière d'autres bateaux pour le long voyage, mais on décida même, pour sceller plus étroitement cette nouvelle amitié, d'accorder aux marins d'Élissa la main de quatre-vingts jeunes filles de Chypre.

Et c'est parmi les acclamations et les chants d'hyménée que les navires aux poupes couronnées de myrtes reprirent la mer...

Dure fut la route, mais les dieux accompagnaient l'humble flotte sur laquelle reposait le destin à venir de la grande Carthage.

Lorsque les bateaux arrivèrent en vue des côtes d'Afrique, Élissa comprit que le long et périlleux chemin touchait enfin à son terme. Elle donna l'ordre à ses marins épuisés de débarquer sur une plage bordée par une forêt de pins ; et bientôt les Tyriens furent entourés d'une foule pacifique venant s'enquérir de leur origine et de leurs aventures.

Élissa conquit les bonnes grâces de cette population par de menus cadeaux et demanda qu'on veuille bien lui céder un peu de terrain :

« Mes compagnons sont fatigués par une pénible navigation. Je voudrais qu'ils puissent se reposer quelque temps ici avant de reprendre la mer. Mais il ne nous faut que bien peu d'espace pour notre camp : ce que pourrait entourer une peau de bœuf ! »

Les habitants rirent à gorge déployée :

« Ton camp ne sera pas grand, ô femme !

— N'importe, il nous suffira.

— Qu'il en soit donc fait comme tu le souhaites. Place où tu voudras sur notre territoire ta peau de bœuf : le terrain qu'elle entourera t'appartiendra tout le temps qu'il te plaira de demeurer chez nous ! »

Élissa remercia chaleureusement et paya d'avance ce qu'elle avait acheté avec une générosité qui laissa les Africains tout étonnés.

Le soir même, les Tyriens sacrifièrent un énorme bœuf aux dieux tutélaires qui les avaient conduits à bon port, et la chair de l'animal fut partagée entre eux au cours d'un banquet rituel, tandis que sa peau tachetée était mise à sécher, bien tendue.

Les jours qui suivirent, les marins s'occupèrent à un étrange travail. Le cuir du bœuf fut soigneusement découpé par eux en lanières d'une finesse incroyable qui furent ensuite cousues avec précision les unes aux autres. Ils obtinrent ainsi une sorte d'énorme peloton que deux hommes transportaient cérémonieusement devant Élissa lorsque, souriante, elle se présenta à nouveau devant les Africains.

« Je viens, dit-elle, prendre possession du territoire que vous m'avez concédé. Voici, selon nos conventions, la peau du bœuf qui le mesurera. »

Les Africains n'en croyaient pas leurs yeux. Ils regardaient, éberlués, cette étrange cordelette, à laquelle adhéraient encore des poils blancs et bruns, qui se déroulait, se déroulait, interminable, encerclant une surface qui n'était plus celle d'un camp, mais bien plutôt celle d'une ville, d'une vraie ville !

L'amusement devant cette ingénieuse trouvaille l'emporta chez les Africains sur le sentiment d'avoir été joués. Et puis le pays était grand, la population clairsemée, on pouvait donc bien trouver une place pour ces nouveaux venus à l'esprit si plein de ressources !

« Nos femmes filent la laine, dit le chef à Élissa. Mais toi, je le vois, tu files même le cuir des bœufs et tu connais aussi l'art de tisser les ruses ! »

Élissa sourit en pensant en elle-même que ce n'était pas là sa première victoire...

« Pourtant, continua le chef, ce qui est dit est dit. Que ce lieu soit désormais pour vous non plus la terre d'exil, mais votre patrie ; et puissiez-vous y connaître près de nous la paix et la félicité ! »

C'est ainsi qu'humblement naquit Carthage, dont le nom signifie « la nouvelle ville* », Carthage qui devait plus tard régner sur la Méditerranée.

Sur le lieu même concédé aux Tyriens à leur arrivée s'éleva par la suite la citadelle qui fut appelée « Byrsa », c'est-à-dire le cuir, en souvenir du stratagème employé par Élissa.

Sans perdre de temps, les exilés s'étaient mis au travail : bientôt des temples, des maisons s'élevèrent, le terrain fut défriché. Les habitants des contrées voisines accoururent pour vendre leurs denrées ou louer leurs services à ces étrangers. Ils recherchèrent leur alliance et souvent, séduits par leur courage opiniâtre et leur urbanité, ils s'installèrent parmi eux.

Des enfants naissaient sur cette terre africaine, enfants heureux dont le cœur jamais ne connaîtrait les souvenirs amers et le regret de la patrie perdue.

Bientôt, la petite colonie devint si nombreuse qu'il fallut lui accorder de nouveaux territoires, mais les habitants qui tenaient à garder parmi eux ces étrangers devenus des amis y consentirent volontiers.

Élissa gouvernait sa ville avec une autorité bienveillante et commençait à espérer qu'elle trouverait dans les multiples devoirs de sa charge l'oubli des malheurs d'autrefois. Maintenant, les blanches maisons de Carthage se pressaient à l'assaut de la colline qui couronnait de ses tours le palais de la reine, des remparts se construisaient et le port abritait une flotte de jour en jour plus nombreuse et plus active.

* *Carthago* est la transcription latine, via le grec, de deux mots phéniciens : « Qart Hadasht » signifiant « Ville-Neuve ». La tradition fixe la date de sa fondation légendaire à 814 avant J.-C.

Toutes les notes précédées d'un astérisque sont de l'éditeur.

… Mais là-bas, aux rives d'Asie, Troie la Phrygienne s'abîmait dans les flammes. En hâte, des fuyards s'embarquaient avec le prince Énée, et déjà les destins implacables guidaient vers Élissa les nefs du malheur…

II

DIDON
OU LE MALHEUR D'AIMER

1. UNE VILLE BLANCHE DANS LA PINÈDE

Une fois de plus, la colère des flots s'était acharnée contre les pauvres navires des émigrants. Les vaisseaux troyens[1*], dispersés par la tempête, venaient à peine de se regrouper, maintenant que le calme régnait à nouveau sur la mer, et les marins accablés de fatigue avaient décidé de s'abriter dans la baie la plus proche pour remettre en état leurs bateaux sévèrement endommagés.

À bord, l'amertume était profonde. Ceux qui naguère, fuyant l'horreur de la dernière nuit de Troie, avaient confié leur sort au prince Énée et embarqué avec lui en quête d'une autre patrie, se demandaient maintenant quand finirait cette aventure décourageante.

Nulle terre n'était jamais pour eux celle que leur avaient promise les Destins, le havre sûr où bientôt

1. Ceux des Troyens qui avaient survécu à l'incendie de Troie s'étaient embarqués avec Énée à la recherche d'une nouvelle patrie.

* À lire, dans la même collection, *Contes et récits tirés de l'*Énéide.

ils pourraient élever l'asile sacré des demeures et des temples. Sans relâche, il leur fallait lever l'ancre, repartir sur les flots où grondaient les fureurs écumeuses de Poséidon. C'est entre mer et ciel que naissaient les petits enfants ; c'est au sépulcre mouvant des eaux qu'il fallait abandonner les morts infortunés, ceux qui jamais ne contempleraient les murs de la nouvelle Troie. Depuis des mois, depuis des années...

Le soir tombait quand apparut enfin la terre annoncée déjà par des oiseaux plus nombreux et des vagues de parfums agrestes glissant à la surface des flots. Les Troyens aperçurent alors une anse hospitalière autour de laquelle courait un bois de pins. Derrière, sur la pente de la colline, s'étageaient les blanches terrasses d'une ville où le soleil couchant versait l'or et le pourpre.

Les vaisseaux s'abritèrent dans ce port naturel et les passagers descendirent à terre pour chercher de l'eau et partager le reste de leurs provisions en un frugal repas, avant de prendre pour la première fois depuis bien des semaines une nuit de repos sur la terre ferme.

Et tandis que son peuple dormait, Énée s'interrogeait dans l'ombre silencieuse. Quel accueil leur réservait cette ville inconnue ? Ce nouveau répit, était-il un bienfait des dieux immortels ou le piège tendu par leurs calculs rancuniers ?

Mais le prince troyen gardait l'espoir, car il pressentait à ses côtés dans les ténèbres sacrées une mystérieuse et divine présence : celle de sa mère Aphrodite [1], qui soutiendrait une fois de plus dans

1. Énée est le fils du mortel Anchise et d'Aphrodite, déesse de l'amour et de la beauté.

les épreuves son enfant valeureux à la poursuite de son destin.

Lorsque apparut l'aube, Énée résolut d'aller vers la ville et de se présenter au palais construit au sommet de la colline, afin d'y demander l'hospitalité et l'aide pour son peuple.

« C'est une reine qui nous gouverne, lui avait dit un pêcheur rencontré sur le rivage. Elle se nomme Didon ; d'autres l'appellent Élissa. Elle est bonne et cependant un sort cruel semble s'acharner contre elle.

« Elle a dû fuir l'antique Tyr, sa patrie, pour venir fonder ici une cité nouvelle, Carthage, cette ville que tu as aperçue de la mer. Elle pleure la mort de son époux Acerbas, dans un chagrin qui paraît inconsolable.

« Plusieurs fois, d'illustres princes de Numidie l'ont demandée en mariage, mais elle a toujours refusé ces unions flatteuses : elle désire, dit-elle, demeurer fidèle à la mémoire de son époux tendrement aimé. Mais frappe à sa porte : elle est généreuse et t'aidera, toi et les tiens, de tout son pouvoir, car elle comprend mieux que personne le malheur sans bornes de ceux qui ont perdu leur patrie. »

En traversant l'ombre des pins, Énée songeait avec émotion à cette reine solitaire et accablée qu'il allait bientôt rencontrer, à ce destin frère du sien[1]. Il montait vers le palais, dans la lumière neuve du matin, et l'implacable Aphrodite le parait de tous les sortilèges de la beauté, si puissants sur les faibles cœurs des mortels.

Hélas ! celui qui venait vers la reine en humble suppliant lui apportait l'amour et ses âpres joies, mais aussi l'angoisse et le désespoir. Infortunée Didon,

1. Énée a perdu son épouse Créüse dans l'incendie de Troie. Il a pu sauver son fils Ascagne.

c'est votre mort qui va frapper avec Énée de Troie à la porte du palais !

Dès qu'elle eut appris son nom, la reine accorda une audience au prince troyen. Elle le reçut dans la grande salle du palais, qu'entouraient des colonnes de stuc peint et que des tentures aux vives couleurs maintenaient dans une agréable fraîcheur en filtrant les rayons du soleil.

Didon siégeait sur un trône garni de coussins brodés d'or ; à ses côtés était assise Anna, sa sœur bien-aimée, tandis qu'autour d'elles s'empressait la vieille Barcé qui avait été la nourrice d'Acerbas et qui avait reporté sur Didon, son épouse, toute sa tendresse fidèle et inquiète.

Mais si grande était la beauté de la reine qu'Énée ne voyait qu'elle tandis qu'il avançait en marquant de la poussière du chemin les dalles de marbre noir. Il avait honte alors de ses pauvres vêtements décolorés par les embruns, de sa peau jadis frottée d'huile parfumée, et tannée aujourd'hui par le soleil et le vent. Il fit donc appel à son indulgence en ces termes :

« Pardonne, grande reine, à ces haillons du naufragé, indignes de ta vue, je le sais. Celui qui s'incline aujourd'hui devant toi fut un prince glorieux, mais les dieux le tiennent maintenant courbé sous le poids du malheur. »

Didon le rassura aussitôt et lui parla avec bienveillance, tandis que la nourrice lui présentait un siège au pied du trône royal. Énée se disait que le pêcheur avait dit vrai et que le cœur de la reine était bon et miséricordieux. Il ne savait pas que Didon n'avait vu ni les pauvres vêtements, ni les cheveux emmêlés, ni la peau brunie et rugueuse du naufragé, mais que, dès le premier regard, le fils d'Aphrodite avait eu pour elle le visage même de l'Amour.

Il fut convenu que les Troyens pourraient établir leur camp auprès de la ville tout le temps qu'il leur faudrait pour réparer et compléter leur flotte endommagée. Les chantiers navals leur seraient ouverts ; le bois et les outils nécessaires seraient mis à leur disposition. Mais Didon voulut honorer le prince troyen de son hospitalité au palais royal.

« Je ne permettrai pas, déclara-t-elle, qu'Énée de Troie ne soit pas accueilli comme il le mérite dans ce royaume. Je désire que ton jeune enfant et toi-même vous viviez au palais tout le temps que durera le séjour de votre peuple à Carthage. Vous partagerez ma table, et mes serviteurs seront les vôtres. Accepte l'hospitalité d'une reine pour qui jadis Carthage fut aussi terre d'exil.

« Et si un jour ton peuple renonçait à sa longue route de hasards et de périls, s'il choisissait de s'établir ici sur la terre punique*, la joie des miens serait grande et, pour moi, je confondrais dans un même amour mes Tyriens et tes Troyens. »

Le lendemain, à la tombée du jour, la reine offrit un grand banquet en l'honneur de ses hôtes. Dans la vaste salle où des guirlandes de roses et de jasmin couraient entre les colonnes, de grandes tables avaient été dressées et les seigneurs carthaginois aux tuniques chamarrées, aux manteaux de lynx et de tigre, se pressaient à la porte entre de longues files d'esclaves porteurs de torches éclatantes.

Déjà, Énée, entouré de ses guerriers, avait pénétré dans la salle du festin, les bras chargés des présents qu'il avait déposés aux pieds de la reine. C'étaient

* Le latin *Punici* désigne les Phéniciens. Voir dans l'*Entracte*, p. XXVI.

quelques-uns des trésors arrachés aux flammes d'Ilion* : une tunique aux broderies d'or, un voile festonné de feuilles d'acanthe, un lourd collier fait de ces perles irisées qui mûrissent dans le secret des mers.

Didon, étendue sur un lit de parade, avait placé autour d'elle les Troyens, mais elle avait gardé à ses côtés sur les coussins de pourpre le petit Ascagne, l'enfant aux boucles blondes qui parcourait d'un regard vif cette foule inconnue et bruyante.

Le festin se déroula avec somptuosité, servi par cinquante servantes qui apportaient sans relâche les mets et les coupes. Puis on enleva les plats et l'on déposa sur la table de larges cratères remplis de vin et couronnés de guirlandes. Les voix résonnaient joyeusement sous les hauts plafonds ; la lumière des torches, coulant par les fenêtres ouvertes, faisait reculer la nuit et surgir de l'ombre les vertes frondaisons des jardins, tandis que de lourds papillons aux ailes de fleurs dansaient follement autour des flammes avant de s'abattre, foudroyés.

Les coupes ciselées passaient de main en main au milieu des rires et des cris, puis brusquement c'était le silence ; un des convives s'était levé et faisait résonner la cithare d'or : il chantait la beauté de la mer sous la lune errante, ou la forêt à la vie mystérieuse, ou les joutes des rudes cavaliers au bord du désert africain. Puis il se rasseyait au milieu des applaudissements et les coupes se levaient à nouveau dans le tumulte joyeux.

Mais la reine ne participait pas à cette bruyante allégresse. Penchée avec émotion vers Énée, elle l'écoutait évoquer les malheurs de Troie, elle pressait

* Autre nom de Troie, en souvenir de son héros fondateur, Ilos.

de questions le héros qui racontait la fatale ruse, le cheval porteur de mort et son ventre rempli de guerriers, la terrifiante complicité des dieux contre la ville condamnée par les destins. Enfin, c'était l'abominable nuit de sang et de feu, un palais qui croule, un monde qui s'efface à jamais...

Didon, bouleversée, buvait les paroles du Troyen, et les mêmes larmes mouillaient ses yeux. Mais elle croyait encore que la seule pitié l'attirait vers ce bel exilé que le malheur avait conduit sous son toit.

2. LES PIÈGES DE L'AMOUR

Le lendemain, lorsque Anna vint comme chaque matin saluer sa sœur la reine, elle la vit pâle et troublée. Didon avoua qu'elle n'avait pu trouver le repos, et que des rêves étranges l'avaient tourmentée pendant son sommeil.

« Les récits de notre hôte m'avaient profondément émue, dit-elle. Sans doute, les souffrances qu'il a évoquées ont-elles ranimé en mon cœur le souvenir des miennes...

« Mais que d'épreuves il a supportées, Anna, et avec quel courage ! Que d'exploits accomplis ! Et cette prestance, cette dignité ! On voit bien qu'il est de grande race, qu'il descend des dieux, peut-être... »

Et comme Anna la regardait en souriant, un peu étonnée de son enthousiasme, Didon rougit brusquement et protesta :

« Pourquoi donc me fixer ainsi ? Qu'ai-je dit de surprenant ? Ne va pas te méprendre : jamais, tu le sais bien, je n'aimerai à nouveau. Mon époux a emporté avec lui mes amours dans son tombeau : désormais mon cœur est mort ! Pourtant, ajouta-t-elle pensivement, s'il avait pu battre à nouveau, oui, cet homme est le seul, je l'avoue, pour qui...

« Mais que me fais-tu dire ? Quel crime ?... Non, j'ai prononcé un serment solennel : que les dieux me foudroient si je venais à l'oublier jamais ! »

Anna, devant son agitation, vint s'asseoir près d'elle et lui entoura tendrement les épaules de son bras :

« Sœur chérie, calme-toi, dit-elle. Qui donc parle de crime, sinon toi ? Crois-tu que celui qui t'aimait et qui dort maintenant au fond du tombeau t'impose une fidélité éternelle ? Pourquoi t'interdis-tu si cruellement de vivre ?

— Tais-toi ! Ce que tu dis est coupable, protestait Didon.

— Regarde, continuait Anna en lui tendant un miroir d'argent poli. Tu es jeune et belle ; veux-tu passer ton existence tout entière dans un austère veuvage, sans connaître les joies d'un nouvel amour et le bonheur d'être mère ? En as-tu le droit, d'ailleurs ? Tu es reine, et ton royaume est en péril. Tu sais que les princes voisins le convoitent, ces princes que tu as humiliés en refusant de devenir leur épouse. Prends garde, ils n'ont pas oublié...

— Anna, tu prétends vouloir mon bonheur, et c'est ainsi que tu me conseilles, gémissait Didon en passant sur son front sa main accablée.

— Oui, je le crois, ma sœur, c'est par la volonté des dieux que les vents ont poussé vers nos côtes les navires du Troyen. Si tu avais près de toi un époux tel que lui, jusqu'où n'élèverais-tu pas la gloire de Carthage ! Songe à ton peuple... Et si ton serment te retient encore, offre aux Immortels les sacrifices qui t'en délieront... »

Ainsi parla la tendre Anna, parce qu'elle aimait Didon et qu'elle croyait la conseiller pour son bonheur. Et la reine au cœur anxieux se prit secrètement à espérer.

Le petit peuple troyen avait installé son camp près de la ville, et la vie s'y était organisée grâce aux dons généreux consentis par la reine aux exilés. Les chantiers résonnaient du bruit des outils : on réparait les bateaux endommagés, on en construisait d'autres. Énée dirigeait les travaux, et parfois Didon l'accompagnait dans ses visites.

Puis elle l'entraînait dans la ville, lui faisait admirer les richesses de Carthage, les temples somptueux, le port, les remparts de cette ville toute neuve. Pour lui, avec orgueil, elle faisait défiler sa jeune armée, manœuvrer sa flotte, comme pour faire l'offrande de tout cela au prince qu'elle aimait chaque jour davantage et qui ne semblait pas le deviner.

Parfois, elle décidait de dire la vérité à Énée, mais la pudeur retenait toujours l'aveu sur ses lèvres. Et, de retour au palais, désemparée, elle s'interrogeait avec anxiété, puis cherchait en vain le sommeil dans le calme de la nuit ; ou bien elle serrait dans ses bras le petit Ascagne ravi, mais inquiet aussi de voir cette belle reine pleurer en l'embrassant.

À l'époque où l'automne empourpre les forêts sur les pentes de la montagne, Didon résolut d'offrir une grande chasse en l'honneur de ses hôtes troyens, et toute la noblesse carthaginoise y fut conviée...

Ce jour-là, dès l'aurore, une grande animation règne aux portes de la ville : jeunes cavaliers sur leurs chevaux piaffants, harnachés de cuir clouté d'argent ; valets s'affairant avec les filets aux larges mailles, les épieux de fer ; et la meute des chiens à la robe mouchetée, qui déjà flairent le vent et tirent sur leurs laisses en jappant d'impatience.

Déjà, les premiers rayons du soleil frappent les blanches terrasses et la cime dorée des temples, mais la reine n'est pas encore au rendez-vous. Pourquoi donc ce retard ? Devant le palais, les grands de Carthage attendent leur souveraine, réunis près du cheval de Didon qui hennit pour appeler sa maîtresse et mord son frein en frappant du sabot.

Enfin, voici la reine, plus belle pour cette journée de chasse que si elle s'était parée en vue de quelque royal festin. Ses cheveux blonds nattés en fines tresses serrées sont retenus sur le haut de sa tête par un nœud d'or ; de pourpre et d'or est le manteau qui pend à son épaule comme le carquois qu'elle porte à son baudrier de cuir brodé. Une joyeuse animation colore son visage lorsqu'elle s'avance et tend la main à Énée pour qu'il l'aide à monter à cheval...

La petite troupe, après avoir rejoint le gros des chasseurs aux portes de la ville, traverse joyeusement les champs plantés d'oliviers et de vignes, les landes où des pasteurs, debout au milieu de leurs bêtes, regardent avec curiosité passer le cortège bruyant et chamarré.

Puis on arrive dans la montagne : bientôt, les sentiers se font étroits, la marche devient plus lente. Enfin, ce ne sont plus que bosquets touffus accrochés aux pentes escarpées ; on lâche les chiens qui se précipitent en hurlant, les valets tendent les filets ; partout résonnent les abois excités, les cris des bêtes débusquées, les appels fiévreux des chasseurs...

Cependant, le soleil a disparu derrière de lourds nuages noirs qui s'assemblent rapidement dans un ciel devenu jaunâtre. Un lointain grondement parcourt l'horizon, puis tout à coup un vent violent se lève, tordant les arbustes, courbant jusqu'à terre les hautes graminées, tandis qu'une poussière aveuglante tourbillonne et que toute la montagne semble frémir.

Et, brusquement, un éclair déchire la nue, le fracas du tonnerre éclate et se répercute sinistrement à travers les rochers. Puis les cataractes du ciel se déchaînent : une pluie mêlée de grêle se met à tomber avec violence.

Les chevaux s'affolent, les chiens apeurés essaient vainement de se regrouper : parmi les chasseurs, c'est la débandade. Chacun se précipite au hasard vers l'abri de quelque arbre ou de quelque rocher. Énée et Didon courant à l'aveuglette sous l'averse cinglante arrivent à la même grotte...

Et c'est là que la reine de Carthage et l'exilé de Troie osèrent enfin s'avouer leur mutuel amour...

3. LA SÉPARATION

L'automne était fini ; c'était maintenant l'hiver doux et triste avec son pauvre soleil sans éclat, sa mer grise balayée par les vents d'Aquilon. Mais dans la saison mélancolique, sous les ciels brouillés que traversaient des vols d'oiseaux migrateurs cinglant vers l'Égypte ou les tièdes îles d'Ionie, la reine de Carthage avait retrouvé le bonheur et l'espoir.

Près d'elle se tenait désormais Énée le Troyen, pour l'aider de ses conseils et conjurer pour elle la terrible solitude du trône.

Pourtant, le bruit des marteaux frappant les coques des vaisseaux lui rappelait parfois que l'on réparait la flotte des émigrants et que bientôt les navires pourraient déployer leurs voiles comme des ailes pour un nouveau voyage.

Mais elle se rassurait en pensant que le temps de naviguer n'était pas encore venu, que la mer soulevait de hautes vagues enflées par les vents contraires, tandis que scintillaient au ciel les froides constellations de l'hiver.

« Plus tard, se disait-elle, lorsque le printemps favorable aux navigateurs sera de retour, les Troyens trop bien enracinés sur cette terre par notre hospitalité chaleureuse n'auront plus le désir d'abandonner Carthage, et leur chef lui-même, prisonnier des tendres liens de l'amour, laissera ses navires à l'ancre dans le port. »

Mais les espoirs des mortels font sourire les dieux jaloux.

La nouvelle de l'amour de la reine pour Énée de Troie s'était bientôt répandue et les rois numides dédaignés frémissaient de colère :

« Comment ! Une femme, une étrangère qui a acheté à prix d'argent une partie de notre terre pour y installer son misérable peuple s'est permis de mépriser notre alliance et se donne maintenant pour maître ce vagabond troyen ! Ce vaincu l'emporte sur nous ! Ô dieux ! est-ce là votre récompense pour nos prières et nos libations ? »

D'ailleurs, l'inquiétude avait gagné aussi le cœur des Immortels. En effet, leurs volontés immuables réservaient au fils d'Aphrodite une autre tâche : il devait être en Italie le fondateur d'un empire qui rangerait plus tard sous ses lois tous les rois de la terre. Allait-il oublier son destin unique pour l'amour de la reine de Carthage ?

Alors, les dieux multiplient pour lui les avertissements : visions qui le harcèlent, songes rappelant cette gloire promise à lui et à sa descendance pourvu qu'il aborde en Italie et qu'il y établisse la nouvelle Troie.

Peu à peu, Énée se trouble : la quiétude de son bonheur ne le satisfait plus. Il rêve à l'espoir ardent des nouveaux départs, aux lendemains ouverts sur l'aventure. Il pense à Ascagne, le fils auquel il doit léguer plus tard le prestigieux héritage italien. Cet enfant innocent, que les armes des Grecs ont déjà privé de son pays, devra-t-il être dépouillé une fois de plus, et par l'inertie paternelle ?

Et, bientôt, Énée brûle de fuir cette terre trop douce qui l'a emprisonné de liens si tendres et si puissants. Mais il songe à la reine et tremble de la peiner. Comment lui parler ? Comment faire entendre raison à une femme qui aime ? Fébrilement, il élabore dans son esprit mille plans maladroits qu'il repousse aussitôt...

Enfin, las d'hésiter, il s'arrête au parti qui lui semble le meilleur : il décide de ne rien dire encore, mais d'armer la flotte en secret, de la faire tenir prête à appareiller.

Avant que n'arrive l'heure de lever l'ancre, une occasion favorable à une explication ne manquera pas de se présenter : alors, il révélera ses projets à Didon avec tact et précaution. Il trouvera les mots adroits pour ménager sa tendresse ; dans son amour profond elle le comprendra peut-être...

Mais Énée ne pouvait tromper longtemps l'amour inquiet de Didon. Elle soupçonna bientôt quelque ruse, lorsque des rumeurs l'informèrent des mouvements qui semblaient se préparer dans la flotte troyenne : alors, elle courut au port et comprit...

Sans retard, elle rentra au palais où elle convoqua Énée :

« C'est ainsi, perfide, cria-t-elle, que tu veux me quitter ? Rien ne t'arrête, ni notre amour ni la douleur que ton départ me causera ? Tu es si pressé de me fuir que tu comptes prendre la mer au cœur de l'hiver quand soufflent les Aquilons redoutables ?

Que cherches-tu donc au-delà des flots ? Pourquoi m'abandonner ainsi ?

« Pour toi, j'ai oublié mes serments les plus sacrés et j'ai affronté la haine des rois numides ; j'ai remis entre tes mains le gouvernement de mon royaume... Que veux-tu de plus ? Ah ! je t'en supplie par mon amour, renonce à ton projet, reste auprès de moi ! »

Énée, bouleversé, tenait les yeux fixés à terre et s'efforçait à grand-peine de maîtriser son émotion, car la douleur de la reine le désespérait. Pourtant, il ne voulait pas céder. Il répondit enfin d'une voix accablée :

« Hélas ! je sais tout ce que je te dois, tout ce que tu as fait pour mes Troyens et pour moi. Jamais je ne t'oublierai.

« Mais je ne suis pas libre de choisir mon destin. Les dieux m'appellent sur une autre terre ; c'est pour mon peuple et mon fils qu'il me faut partir. Crois-moi, ce n'est pas de mon plein gré que je te quitte, et cet adieu m'est aussi douloureux qu'à toi-même. Ne le rends pas plus amer encore par des prières et des larmes. »

Mais Didon, hors d'elle-même, ne voulait plus écouter :

« L'avez-vous entendu, le perfide ? Il parle de ses Troyens, de son enfant... Et moi ? Pense-t-il à moi ? A-t-il pitié de moi ? Il a donc oublié que je l'ai recueilli, qu'il me doit tout ? Mais il a un cœur plus dur que la pierre et rien ne peut l'émouvoir...

« Pars donc, je ne te retiens plus ! Va-t'en, affronte les fureurs de la mer, fuis vers ton royaume dérisoire ! Mais tu paieras ton crime ! Et quand ta flotte sera engloutie, quand tu sombreras au milieu des écueils, appelle une fois de plus la reine Didon au secours !

« Misérable, même après la mort, ma haine te

poursuivra. Partout où tu iras, mon ombre t'attendra pour te rappeler ta trahison !... »

Épuisée, Didon s'arrêta, mais comme Énée s'apprêtait à lui répondre pour tenter une fois encore d'apaiser sa douleur, elle s'enfuit. Le Troyen, plein de trouble, quitta le palais et se rendit au port où chacun s'affairait. Malgré son chagrin, il donna l'ordre d'accélérer les préparatifs de départ.

« Avant l'aube, déclara-t-il, je veux que nous ayons quitté le port de Carthage. Le temps presse. »

Didon s'était réfugiée près de ses servantes et à demi évanouie s'était abattue sur son lit. Sa sœur Anna l'avait reçue entre ses bras et la réconfortait de tendres paroles. Longtemps, la reine pleura en maudissant le perfide qui l'abandonnait puis, ayant retrouvé son calme, elle adressa cette prière à Anna :

« Ma chère sœur, toi qui avais la confiance d'Énée, porte-lui mon message. Dis-lui que je comprends son désir, que je ne prétends pas le priver de l'Italie, mais demande-lui de m'accorder quelque délai. Qu'il veuille bien attendre la saison favorable du printemps pour affronter la mer. Jusque-là, qu'il reste près de moi à Carthage, qu'il me laisse le temps de me préparer à son départ.

« Ce coup est trop brutal : qu'on me donne le loisir d'apprendre à le supporter. Cette trêve est la suprême grâce que j'implorerai d'Énée. Va et trouve les mots qui sauront l'émouvoir !... »

Ainsi, la fière Didon, oubliant sa colère, s'abaissait à supplier encore une fois ; elle humiliait son orgueil en des requêtes désespérées. Bouleversée par tant d'amour, Anna se précipita vers le port afin d'y rencontrer Énée et d'essayer de l'attendrir...

Une bruyante agitation régnait sur les quais où l'on tirait à l'eau les coques frottées de poix, où les marins, en chantant, couronnaient de fleurs les poupes. Anna, d'une voix entrecoupée de larmes, transmit à Énée la demande de la reine, mais celui-ci, malgré sa profonde émotion, demeura inébranlable.

Lorsque Anna, revenue au palais, annonça son échec, Didon semblait avoir retrouvé le contrôle d'elle-même. Elle ne broncha pas à la nouvelle et déclara seulement :

« Je te remercie, ma sœur. Mais sois sans crainte pour moi. Puisque je ne suis pas morte en recevant le premier coup, je serai assez forte désormais pour supporter ma douleur jusqu'au bout... »

La nuit tombait. La reine avait demandé à être seule pour prendre un peu de repos. Mais ses yeux ne se fermeraient plus, elle le savait bien, avant l'ultime sommeil qui guérit toutes les peines...

4. LA MORT DE DIDON

Dans la solitude de la nuit, les ténèbres se peuplent pour la reine d'ombres terrifiantes. Un hibou, sur le faîte du palais, a jeté son cri de mort. De la chapelle de marbre où Didon honorait le souvenir de son époux, une voix ne sort-elle pas, sombre et désespérée ? Ne l'a-t-elle pas appelée par son nom ?

Maintenant, c'est Énée qui se dresse dans l'ombre à ses côtés, vêtu comme au jour où ils s'avouèrent leur amour : il vise une biche, puis il l'abandonne percée d'une flèche en plein cœur. La malheureuse fuit avec le dard mortel accroché à son flanc. Mais non, ce n'est pas une biche qui fuit effarée, haletante. Qui donc porte cette blanche chlamyde frangée d'or, ce manteau de pourpre ?...

Ah ! que vienne la mort ! Jamais, non jamais, cette blessure empoisonnée ne guérira !

Puis les visions effrayantes disparaissent. Un grand calme se fait dans l'esprit de la reine. Maintenant qu'elle est déterminée à mourir, elle arrête avec précision les détails de son funeste projet. Tout d'abord, elle appelle Anna :

« Félicite-moi, ma sœur, dit-elle. Puisque Énée de Troie ne méritait pas mon amour, j'ai décidé de l'oublier. Je ferai donc appel aux enchantements qui détournent les noirs soucis et apaisent le tourment des cœurs. Fais donc pour cela élever en secret un bûcher très haut dans la cour intérieure et que l'on mette dessus les vêtements, les armes que cet hôte exécrable a laissés, le lit où il a dormi, car tous les souvenirs du Troyen doivent être dévorés par les flammes. Les rites l'exigent pour que mon cœur soit purifié de cet amour qui l'a ravagé. »

Anna se réjouit de voir que la raison l'a emporté. Elle promet à sa sœur de tout accomplir point par point, sans deviner, hélas, que ce sont là des préparatifs de funérailles !

À l'aube, Didon se rendit sur la plus haute terrasse du palais afin de jeter un dernier regard sur cette ville qu'elle avait tant aimée. L'horizon commençait à peine à blanchir. Mais déjà le port était vide, et la mer encore sombre disparaissait presque sous les voiles ; dans un grand sillage d'écume, la flotte troyenne s'éloignait de Carthage.

« Lâche ! s'écria Didon. Tu te hâtes de fuir, pour ne pas savoir de quel prix affreux je paierai ta trahison ! Mais vous, dieux immortels qui m'avez abandonnée, écoutez du moins ma dernière prière : que l'affront de cet homme ne demeure pas impuni !

« Je le maudis, lui et toute sa race. Qu'une haine éternelle dresse nos deux peuples l'un contre l'autre, et qu'un jour un héros sorti de Carthage porte le sang et la mort au cœur de leur orgueilleuse Italie ! Ô toi, mon vengeur, que je ne puis nommer [1], mais dont je pressens la venue, qui que tu sois, merci ! »

Ensuite, pâle et déterminée, la reine rentra dans le palais et se dirigea vers le bûcher près duquel l'attendaient Anna et Barcé, la vieille nourrice. Elle considéra longuement les vêtements troyens qu'on y avait entassés et sembla se perdre un moment dans les souvenirs et les rêves.

« Je meurs sans vengeance, murmura-t-elle, et pourtant même ainsi la mort m'est plus douce que la vie !... »

Puis, brusquement, elle saisit le glaive d'Énée et l'enfonça dans sa gorge. Elle s'effondra sur le lit d'Énée, les mains sanglantes, tandis qu'Anna se précipitait sur elle avec un cri déchirant, la serrait dans ses bras et de sa robe étanchait le flot sombre qui coulait de la plaie.

Didon, en un suprême effort, souleva ses paupières, elle essaya de se redresser sur un coude pour sourire une dernière fois à sa sœur, puis elle retomba lourdement. La reine infortunée avait fini de souffrir...

Le soleil d'hiver mettait à la crête des vagues un sourire incertain. La flotte troyenne labourait les flots et les marins, pleins d'espoir, chantaient. Énée, qui gardait les yeux tournés vers les murailles de Carthage, aperçut une lueur rouge qui semblait venir du palais [2].

Nul ne sut la cause de cet embrasement, mais les Troyens y virent un sinistre présage. Au souvenir du grand amour profané, les chants s'arrêtèrent tout à coup sur les bateaux de l'aventure...

1. Ce sera Hannibal.
2. C'est le bûcher qui brûle le corps de Didon.

III

LE PÉRIPLE D'HANNON

« Moi, Hannon, Suffète de la mer [1], j'ai navigué au long des côtes d'Afrique plus loin qu'aucun ne l'avait fait avant moi...* »

C'est en ces termes qu'Hannon avait fait graver le récit de son voyage dans le temple de Baal. En ce temps-là, Carthage, fille de Tyr, dominait la mer [2].

Tout avait commencé un soir alors que le Grand Conseil s'était réuni au temple de Khâmon. Le grand prêtre, après avoir consulté les astres, déclara d'une voix solennelle :

« Nous te nommons Hannon, fils de Magon, amiral de la flotte océane. Tu franchiras les colonnes d'Hercule et fonderas des colonies pour nos frères. Tu rechercheras les pays inconnus où les dieux ont prodigué les richesses. Tu ne révéleras à personne le secret de ta route et tu nous rapporteras d'Afrique l'or et les esclaves qui abondent en ces terres lointaines.

— J'obéirai, répondit Hannon, aux ordres de la

1. Les deux Suffètes sont les chefs de la cité.
2. Vers 450 av. J.-C.
* Voir jeu et carte dans l'*Entracte*, pp. X-XI.

République. Malheur à moi si je trahis sa confiance ! »

Hannon quitta donc Carthage avec soixante navires de guerre de cinquante rames et cent vaisseaux portant les colons de Libye. Ceux-ci avaient résolu de quitter leurs pauvres bourgades aux confins du désert pour fonder des villes nouvelles sur les rives du grand Océan.

La flotte, après cinq lunes, passa les colonnes d'Hercule[1]. Les Libyens regardaient avec frayeur les grandes vagues qui soulevaient des gerbes d'écume. Mais les marins de Carthage les rassurèrent. Ils connaissaient bien l'Océan pour avoir souvent navigué jusqu'au pays de Tartessos[2], où ils venaient chercher le fer et l'étain des Ibères.

D'ailleurs, le ciel était bleu, la mer calme lorsque la flotte commença à longer les côtes d'Afrique. Les petites criques se succédaient au pied des falaises de grès rouge.

La première étape se fit à l'embouchure du fleuve Sébou. Un petit groupe de colons débarqua sous la conduite d'Abdalonim, chef de la cité future. Ils apportaient avec eux le feu sacré allumé aux autels de Moloch, et, dans une amphore, un peu de terre de la patrie.

La flotte gagna ensuite le cap Salé, où un sanctuaire fut élevé en l'honneur de Tanit, reine de la nuit, et d'autres colons débarquèrent. Cinq cités furent ainsi créées, qui seraient des alliées fidèles de Carthage.

Mais le débarquement ne se fit pas sans mal. Le vent s'était levé et, pour atteindre le rivage, les barques devaient affronter une énorme vague. Les Libyens réussirent toutefois à franchir la barre et ils

1. Le détroit de Gibraltar.
2. L'Espagne du sud-ouest.

purent remercier les dieux en embrassant le sol de leur nouvelle patrie...

Dix jours plus tard, l'expédition parvint au pays de Lixos, aux confins du grand désert. C'était le point extrême atteint jusque-là par les navires de la République. Un petit peuple avait dressé ses tentes au bord d'un fleuve aux eaux saumâtres, glissant parmi des plages de sel, des palmiers chétifs et des roseaux poudreux.

Hannon offrit aux Lixites des perles de verre et des colliers de plaquettes bleues. Il obtint en échange des interprètes qui connaissaient le langage des peuples du désert, les Troglodytes, habitants des cavernes et mangeurs de choses immondes, ainsi que les idiomes des tribus noires qui échangeaient l'or et l'ivoire contre le sel et le fer...

La flotte avait quitté le pays des Lixites et longeait la côte africaine à bonne distance des récifs lorsque la tempête se déchaîna. Des trombes d'eau s'abattirent sur les navires, tandis que les hommes, serrant fortement les avirons, luttaient en vain contre la tornade qui les déportait en pleine mer.

Durant toute la nuit, dans un tourbillon d'écume, les vaisseaux furent ballottés, plongeant dans les flots, assaillis par les vagues qui menaçaient à chaque instant de les faire voler en éclats.

Enfin, le jour se leva. Tout devint calme. La mer était si claire que le ciel bleu s'y reflétait comme dans un miroir. Les navires, éprouvés par la tempête, n'avaient heureusement pas été dispersés. Ils se dirigèrent vers une île verdoyante qui surgissait des flots.

L'île, bordée d'une plage de sable fin, était couverte d'une épaisse forêt. Elle était habitée puisque les indigènes, effrayés par l'approche des vaisseaux, avaient abandonné leurs pirogues par centaines sur la grève.

Hannon résolut d'entrer en contact avec ce peuple craintif :

« Portons, dit-il, sur le rivage, des poteries, des perles de verre, des tissus écarlates, et offrons-les en signe d'amitié. Puis regagnons nos vaisseaux ancrés ici à quelque distance de la côte. »

Il fut fait ainsi et, le lendemain, les indigènes, saluant les visiteurs par des danses et des chants, leur apportèrent des fruits et des poissons. Hannon promit à leur chef la protection de Carthage. Il donna à l'île le nom de Cerné* et décida qu'elle serait une étape précieuse pour les navires puniques, car elle était à la même distance des colonnes d'Hercule à l'ouest que Carthage l'était à l'est.

La flotte reprit son périple au long de la côte africaine. Le désert faisait place à un pays plus vert, où apparaissaient des huttes de terre rouge au cœur de clairières humides. La nuit, de grands feux clairs brillaient et le vent apportait, avec les senteurs de la terre, les hurlements des grands fauves.

Hannon arriva ainsi à l'embouchure d'un fleuve qu'il appela le Chrétès [1]. Il se disposait à jeter l'ancre lorsque, du haut des berges, des sauvages vêtus de peaux de bêtes lancèrent d'énormes pierres sur les vaisseaux. Lorsqu'ils eurent regagné la pleine mer, les chefs puniques se consultèrent :

« Pouvons-nous poursuivre notre voyage ? demanda Hannon à ses compagnons.

— Non, répondirent-ils, nos navires sont endom-

1. Le fleuve Sénégal.

* Île située dans la baie du Río de Oro et que d'anciennes cartes marines désignaient sous le nom d'« île d'Hern » (voir, dans l'*Entracte*, « L'Odyssée d'Hannon »).

magés, nos hommes épuisés. Il serait imprudent d'aller plus avant. »

Il fut donc décidé de regagner Cerné pour prendre quelque repos. Là, une heureuse surprise attendait Hannon. Les indigènes, pour fêter le retour de leurs amis, avaient revêtu leurs plus beaux atours. Ils portaient des peaux de léopard, des diadèmes de plumes, des colliers d'ivoire. Surtout, ils faisaient tinter à leurs poignets et à leurs chevilles de lourds bracelets d'or.

Hannon fit apporter des navires des draps pourpres, des soies brodées, des armes de bronze.

« Tout cela est à toi, dit-il au chef noir, si tu me donnes en échange de l'or dont vous avez en abondance.

— Mon ami, répondit le chef, aura ce qu'il désire. Qu'il vienne dans ma demeure et qu'il prenne ce qui lui fait plaisir ! »

Hannon accompagna le chef dans une grande hutte de branchages au toit de palmes. Là, il découvrit un trésor, des rubis couleur de sang, des topazes fauves, des saphirs bleutés, des émeraudes grosses comme des figues. Le sable qui brillait dans les amphores était de la poudre d'or. Dans des corbeilles d'osier scintillaient des pépites d'or.

Hannon émerveillé apprit que les indigènes de Cerné allaient en pirogue sur la côte africaine. Là, un fleuve roulait les galets et les paillettes d'or. Il suffisait de placer des tamis dans l'eau pour recueillir le précieux métal.

« C'est pour nous *le Fleuve de l'Or*[1], déclara le chef, et nous n'avons jamais vu personne d'autre sur ses rives. »

1. C'est aujourd'hui le Río de Oro.

La flotte carthaginoise avait repris la mer. Les rayons du soleil étaient de plus en plus ardents et une chaleur lourde pesait sur la mer calme. Les hommes attendaient impatiemment la tombée du soir. Alors, le ciel s'obscurcissait soudain, les éclairs sillonnaient l'horizon, et la pluie, en rafales furieuses, apportait un peu de fraîcheur.

Le matin, aux lueurs de l'aurore, on apercevait des plages dorées ombragées de cocotiers et d'arbres aux mille branches qui retombaient jusque dans les flots. Parfois, des Noirs, entièrement nus, saluaient le passage des navires en poussant de grands cris. Mais on ne pouvait les comprendre, car leur langage était ignoré des interprètes qu'on avait embarqués au pays de Lixos. Certains s'effrayaient d'aborder un monde inconnu. Hannon les rassurait :

« Les étoiles qui brillent au ciel sont celles-là mêmes que nous observions à Carthage par les nuits d'été [1]. Et Tanit, au disque d'argent, protège notre flotte jusqu'aux lointains rivages d'Afrique. »

Après de nombreux jours, où les navires, faute d'avoir trouvé des vents favorables, avaient progressé à force de rames, la flotte trouva un mouillage bien abrité, au pied de hautes montagnes boisées. Là pullulaient des oiseaux au bec recourbé, aux plumes multicolores, dont les voix assourdissantes ressemblaient à celles des hommes. Pendant la nuit, des tribus sauvages, dont on devinait la présence, se rassemblaient au son d'un tambour obsédant et lugubre.

Hannon arriva peu après au large d'un cap rocheux qu'il appela « la Corne de l'Occident », parce qu'à partir de là, la côte s'infléchissait vers l'est [2]. Les

1. Il apparaît ainsi qu'Hannon n'a pas franchi l'Équateur, ni aperçu des étoiles nouvelles.

2. Le cap des Palmes en Côte-d'Ivoire.

marins, las d'une longue course en mer, firent halte sur une grève tranquille. À peine entendaient-ils, dans la forêt voisine, les cris rauques des oiseaux et les glapissements des singes.

Il y avait là de l'eau fraîche, des œufs de tortue enfouis dans le sable, et des fruits en abondance. Certains, couverts d'un duvet brun, ressemblaient à des melons d'eau, et lorsqu'on les fendait avec un glaive, il en coulait une liqueur pareille à du lait. D'autres, plus effilés, avec une peau verte, s'agglutinaient autour d'une tige épaisse et leur chair avait une saveur fade et sucrée. D'autres encore sentaient le musc ou le poivre.

Les hommes seraient restés volontiers dans ce havre de paix, mais Hannon donna le signal du départ. Les vaisseaux, ayant fait provision d'eau et de vivres, longèrent la côte couverte d'une forêt dense noyée dans une brume grise que ne pouvait dissiper un soleil blanc glissant parmi des nuées sombres. Était-ce là l'étrange pays dont avaient parlé à Carthage les hommes bleus du désert ?

« Peut-être, fit Hannon, avons-nous atteint le royaume d'Éthiopie[1] ?... »

Hannon arriva enfin dans un vaste golfe où la mer agitée se brisait sur les récifs. On apercevait une immense montagne aux flancs ravinés, d'où jaillissait un panache de fumée. Bientôt, des grondements sourds se firent entendre, des flammes montèrent dans le ciel, tandis qu'une pluie de roches et de cendres s'abattait jusque sur les eaux.

Les Carthaginois observaient le spectacle avec effroi et admiration :

« Nous avons vu *le Char des dieux*[2], s'écria

1. Il s'agit, en fait, de la Guinée.
2. Le mont Cameroun.

Hannon, et nous sommes parvenus aux extrêmes limites de la terre. Loué soit Baal, le tout-puissant, et Moloch, le maître du feu ! »

L'expédition prit la route du retour. Elle passa près d'une île peuplée d'êtres sauvages au corps velu, aux bras démesurés, à la force redoutable. Les Lixites les appelaient *Gorilles*.

Hannon ordonna d'en capturer plusieurs pour les ramener vivants à Carthage. Mais les *Gorilles*, poussant des cris affreux, grimpèrent au plus haut des arbres. On put en prendre trois cependant, parmi les moins agiles, mais ils se débattirent avec tant de fureur, à coups de dents et de griffes, qu'il fallut les assommer. On ne rapporta que leurs peaux.

Les navires, après avoir chargé à leur bord l'or et les richesses de Cerné, repassèrent les Colonnes d'Hercule et revinrent à Carthage sans encombre. Hannon, Suffète de la mer, lumière de Baal, avait navigué plus loin qu'aucun autre pour le service de la République.

IV

LES MALHEURS DE REGULUS

1. LES ROMAINS EN AFRIQUE

Il y avait déjà six ans que Rome et Carthage se disputaient la possession de la Sicile*. La guerre traînait en longueur. C'est alors que le Sénat romain décida de porter la guerre en Afrique[1]. Les deux consuls, Manlius et Regulus, débarquèrent avec une forte armée près du cap d'Apollon.

Là, ils établirent un camp défendu par un fossé et un retranchement hérissé de pieux et d'épines. L'armée romaine était installée en Afrique...

Carthage, surprise, apprit la nouvelle un matin, alors que la mer violette miroitait aux premières lueurs de l'aube. Les gardes, qui veillaient aux remparts, aperçurent des cavaliers qui, dans un tourbillon de poussière, s'approchaient de la cité. On les reconnut : c'étaient de jeunes nobles de Clupéa, une des villes de la côte.

« Les Romains, dirent-ils, ont établi leur camp près

1. En 256 av. J.-C.

* Voir « Casus belli », « Pour en savoir plus » dans l'*Entracte*, p. XXIV.

du cap d'Apollon. Toute une armée s'apprête à marcher sur Carthage. »

On les conduisit aussitôt auprès des deux Suffètes, Hasdrubal, chef de la flotte, et Bostar, chef de l'armée. Les Romains en Afrique ! On ne pouvait y croire. Comment avaient-ils fait, eux qui étaient si malhabiles sur mer, pour échapper aux navires puniques, qui croisaient au large de la Sicile, et pour affronter les tempêtes ?

Il fallut bien se rendre à l'évidence. Les meilleures troupes de Carthage étaient en Sicile avec Hamilcar Barca. Il ne restait pour défendre la ville que les quelques bataillons de la Garde sacrée. Que se passerait-il si demain les légions romaines paraissaient au pied des remparts ?

Dans les jours qui suivirent, la peur s'empara de la cité. Les réfugiés des villes que les Romains avaient prises et pillées se pressèrent aux portes ; la foule, inquiète, errait par les rues ou s'entassait, à l'affût des nouvelles, sur la place de Khamon. Les femmes assiégeaient le sanctuaire de Tanit, implorant la protection de la déesse, gardienne de la cité.

De la terrasse du temple d'Eschmoun*, où ils siégeaient en permanence, les Anciens du Grand Conseil regardaient, au-delà des lagunes de Tunis, les grandes plaines grises d'où ils s'attendaient à voir surgir d'un instant à l'autre l'essaim innombrable des légions...

Mais l'hiver était proche. Bientôt, Carthage reprit espoir. Le Sénat romain, satisfait d'avoir montré la puissance de ses armes, ordonna à Manlius de regagner la Sicile avec le gros des troupes. Il enjoignit à

* Eschmoun, ou Eshmoun, est parfois identifié avec le dieu romain de la médecine, Esculape.

Regulus de prendre ses quartiers d'hiver à Clupéa en s'abstenant de toute initiative aventureuse.

Regulus observa d'abord scrupuleusement les ordres du Sénat. Mais, peu après, les députés des cités africaines soumises par Carthage vinrent réclamer son aide. Les Libyens du désert, les Numides des hauts plateaux sollicitèrent l'alliance du peuple romain.

Surtout, Regulus était attentif aux signes du destin. Un jour qu'il s'était avancé jusqu'au Macar, le fleuve alors grossi par les pluies, il réussit à tuer un énorme serpent dont il fit envoyer la peau à Rome.

« Les oracles libyens, précisa-t-il dans une lettre au Sénat, assurent que le vainqueur de ce monstre sera le maître de l'Afrique. »

Regulus pensa à la gloire qui serait la sienne s'il était un jour le vainqueur de Carthage.

2. LES EXIGENCES DE REGULUS

Sur la colline de Byrsa, la coupole dorée du temple d'Eschmoun luisait sous un rayon de lune. Un vent frais soufflait de la mer.

Les Anciens, précédés d'esclaves noirs porteurs de torches, se rendaient au Grand Conseil. Ils pénétraient dans une salle dallée de marbre, aux murs tendus de soies multicolores, et prenaient place sur des sièges d'ébène garnis d'ivoire.

Ils étaient tous présents, en raison de la gravité de l'heure, les grands prêtres en robe blanche portant la tiare ou le bonnet pointu. Les chefs de guerre au manteau pourpre et à la cuirasse d'airain bosselée par les batailles, les cent représentants des Syssites [1], négociants, armateurs, banquiers, habiles à lancer

1. Le quartier commerçant près du port.

leurs vaisseaux sur la mer ou leurs caravanes dans les sables du désert.

Le Suffète Bostar, après avoir salué avec respect les membres du Conseil, rappela les craintes que la République avait éprouvées lors du débarquement des Romains. Mais le gros des légions avait regagné l'Italie, et Regulus ne prendrait pas Carthage :

« Notre cité, dit-il, est défendue tout au long de l'isthme, qui l'isole de la proche campagne par un mur de pierre haut de trente coudées et bordé d'un large fossé. L'enceinte est couronnée de tours. Nos navires dominent la mer. »

Il concluait qu'il fallait faire la guerre, recruter des mercenaires et, pour cela, exiger des Riches une contribution de dix mille pièces d'or.

Ces paroles furent accueillies par un silence pesant. Les Anciens songeaient à leurs domaines perdus, à la révolte des peuples soumis, au marasme des affaires. Le débarquement romain avait découragé les entreprises. Les vaisseaux restaient au port. Comment pourrait-on alors trouver les sommes nécessaires au renforcement de l'armée ?

Myrcam, un vieil homme réputé pour sa sagesse et son habileté en affaires, répondit :

« Depuis de nombreuses années, nous luttons contre Rome et nous épuisons nos ressources dans cet interminable conflit. Je me propose, si le Conseil en est d'accord, d'aller dès demain au camp romain pour connaître les intentions de Regulus. Si ses conditions sont honorables, j'aime mieux une paix coûteuse qu'une guerre sans issue. »

Les Anciens saluèrent d'une longue ovation ces propos qui répondaient à leur désir.

Quelques jours plus tard, le Grand Conseil se retrouva au temple d'Eschmoun. Myrcam, qui avait rencontré Regulus à Tunis, énuméra les exigences des Romains :

« Carthage, fit-il d'une voix lasse, cédera à Rome la Sicile et la Sardaigne. Elle paiera une indemnité de guerre de trois mille talents [1] et chaque année un tribut. Elle ne pourra conclure aucune alliance sans l'accord de Rome. »

Myrcam, brisé par l'émotion, hésitait à poursuivre. Il n'osait regarder l'assemblée consternée. Après un silence, il reprit :

« Carthage livrera toutes ses trirèmes et leurs équipages aux Romains, à l'exception d'un seul navire de guerre qui lui sera laissé. »

À ces mots, les Anciens se récrièrent avec indignation. Tous parlaient en même temps, oubliant les rites de l'assemblée :

« Non, mille fois non, nous ne livrerons pas notre flotte aux Romains.

— Que Moloch lance le feu du ciel sur ces chacals malfaisants !

— Par Baal et tous nos dieux, maudit soit Regulus qui veut détruire notre cité ! »

Dans l'exaltation générale, le Conseil décréta un impôt sur les Riches. Tous les citoyens, même les plus pauvres, même les prêtres, seraient appelés à contribuer au salut de la patrie. Grâce à cet argent, on recruterait les mercenaires les plus valeureux du monde grec.

Le Suffète Bostar saisit une torche dont il écrasa la flamme sous ses pieds, tandis que les Anciens, les bras levés vers le ciel, entonnaient l'hymne sacré pour appeler sur Carthage en guerre la protection de Tanit.

1. Cinquante tonnes d'argent.

3. L'ARRIVÉE DE XANTHIPPE

Hasdrubal[1], le Suffète de la mer, ne quittait plus son palais qui dressait ses murailles dans une petite île, au cœur même du port de guerre. Là, du haut d'une tour crénelée, il observait la mer dans l'attente des navires qui amèneraient à Carthage les soldats grecs.

Mais les lunes passaient sans qu'aucune nouvelle n'eût annoncé le retour de la flotte.

Un matin, pourtant, les guetteurs aperçurent des points mobiles à l'horizon des flots. Des navires, en grand nombre, approchaient de Carthage. Hasdrubal les reconnut, avant même de distinguer sur les voiles les insignes de la République : la pomme de pin, le poisson sacré, la main de Baal.

Le Suffète ordonna aux trompettes de sonner pour annoncer à la ville l'heureuse nouvelle. Aussitôt, une foule immense se rassembla sur les quais baignés de soleil. Le peuple vit avec joie les rapides trirèmes dont la proue s'ornait d'un éperon de bronze, les nefs ventrues, chargées à ras bord de guerriers groupés à l'avant et poussant des cris, de lourds bateaux plats enfin, transportant les chevaux et les armes.

Bientôt, le navire de pointe arriva à l'entrée du port. C'était une quinquérème, très haute sur l'eau, à cinq rameurs par aviron disposés en gradins superposés. La proue, au-dessus d'un éperon de bronze effilé, était ornée d'un cheval d'ivoire à la crinière d'or qui semblait hennir dans les tempêtes et les combats. À l'avant se tenaient les capitaines de Carthage et les officiers grecs.

Le puissant navire entra dans le port marchand

1. De nombreux chefs, à des époques différentes, portent les mêmes noms : Hasdrubal, Hannon, Magon, Bostar...

dont on avait abaissé les chaînes qui, en temps de guerre, en barraient l'accès. Il fendit les flots glauques où flottaient des débris, dégageant une odeur forte de sel, d'algue et de goudron.

La quinquérème, qui avait cargué ses voiles et replié ses avirons, glissa, acclamée par la foule, franchit l'étroit chenal qui conduisait au port militaire, contourna l'îlot de l'Amirauté.

Le *Cothon*[1], semblable à une demi-lune, était bordé de quais de pierre où s'ouvraient des loges abritant des navires. Les colonnes de l'arsenal évoquaient celles des temples d'Égypte. L'eau était claire, le mouillage calme, et les bruits de la ville n'arrivaient qu'assourdis dans ce sanctuaire des navires de combat.

Hasdrubal félicita les capitaines de la flotte qui, sur l'ordre du Grand Conseil, avaient assuré le recrutement des mercenaires. Puis il salua les officiers grecs et leur chef Xanthippe. C'était un homme de taille moyenne aux larges épaules, aux gestes vifs, au regard clair :

« Je me nomme Xanthippe, dit-il, fils de Ladas. Ma patrie est la divine Lacédémone qu'Homère chanta jadis. Et avec moi sont les rudes guerriers de Pylos, d'Argos, de Corinthe.

— Sois le bienvenu, répondit Hasdrubal, et sache que Carthage* paie généreusement ceux qui combattent pour elle. »

Les navires étaient tous rangés dans le port et les soldats grecs débarquaient en bon ordre. Les hoplites, casqués d'airain, la lance en main, s'avançaient d'abord en rangs serrés. Puis venaient les peltastes, tenant un bouclier de cuir et des javelots, les archers

1. Le port de guerre.
* Voir le plan de Carthage dans l'*Entracte*, p. II.

dont le carquois battait les flancs, et les frondeurs qui, par jeu, faisaient tournoyer leur lanière garnie d'une boule de plomb.

Tous marchaient d'un pas rythmé, faisant résonner les dalles des quais, chantant en chœur les vieux hymnes guerriers de l'Hellade, terre de héros. Par les rues et par les places, ils gagnaient la haute ville, fendant une mer humaine, insensibles aux acclamations de la foule qui accueillait ses sauveurs.

Hasdrubal accompagna Xanthippe jusqu'au temple d'Eschmoun et il le présenta au Conseil. Le chef grec jura de conduire à la victoire les armées de la République, mais il posa ses conditions :

« J'exige que le commandement des troupes, de toutes les troupes, soit assuré par moi seul. Alors seulement je vaincrai les Romains. »

Les Anciens protestèrent. Comment un mercenaire grec, non content de réclamer son salaire, osait-il prétendre diriger seul l'armée punique ? Allait-on accorder à un chef étranger ce pouvoir absolu qu'on avait refusé à Hamilcar Barca ? Le Suffète Bostar ne pouvait dissimuler son indignation.

Mais le temps pressait. Les Romains pouvaient d'un moment à l'autre faire le siège de Carthage. Toute l'Afrique était parcourue par un vent de révolte. Le commerce languissait.

Le Conseil céda. On avait fait venir Xanthippe à grands frais, il commanderait l'armée. Au moins fallait-il que le chef grec, pour respecter la coutume, fît un sacrifice solennel à Hadad, dieu de la guerre. Mais Xanthippe refusa :

« Je ne connais qu'une divinité, dit-il, c'est Tuké[1]. C'est elle qui me protège. »

1. La Chance*.
* Vient du grec *Fychè*.

4. LA BATAILLE DU MACAR

Xanthippe partit à l'aurore avec douze mille fantassins, quatre mille cavaliers et une centaine d'éléphants dressés au combat.

Il longea d'abord la lagune d'où s'envolaient des flamants roses, puis il traversa une campagne aride où des moutons noirs erraient parmi les pierres. L'armée atteignit des collines escarpées qu'elle franchit par des défilés cernés de rochers abrupts. Enfin, alors que le soleil n'était plus qu'un disque rouge prêt à disparaître à l'horizon, on aperçut une vaste plaine toute couverte de cultures, bordée au loin par la mer.

L'armée campa au bord du Macar dans la fraîcheur de la nuit. Xanthippe fit allumer de grands feux pour signaler son approche aux Romains. Il espérait attirer Regulus en rase campagne, là où la phalange grecque manœuvrait plus à l'aise.

Aux chefs puniques qui s'étonnaient de le voir indiquer sa position à l'ennemi, il répliqua avec un sourire :

« Le dieu du feu ne protège-t-il pas Carthage ?... »

Au lever du jour, l'armée romaine avait quitté son camp de Tunis et s'avançait vers le Macar. Le vent, qui soufflait en rafales, chassait des tourbillons de sable qui retardaient la marche des légions.

Soudain, quand ils ne furent qu'à quelques centaines de pas du fleuve, les Romains distinguèrent des masses sombres qui oscillaient pesamment. C'étaient les éléphants dont on voyait maintenant le poitrail revêtu de bronze, les oreilles peintes en bleu et, sur le dos des bêtes, la tour de cuir, d'où les archers faisaient pleuvoir une grêle de flèches sur l'assaillant.

Le soleil, plus haut dans le ciel, dissipa les brumes de sable. Alors apparut derrière les éléphants la phalange des Grecs casqués de bronze, préservés par le long bouclier d'airain. Elle était formée de carrés de seize hommes et toute hérissée des longues lances, les sarisses à la pointe de fer. Aux deux ailes avaient pris place des peltastes, armés à la légère, et les cavaliers montant sans selle de petits chevaux fougueux.

Regulus avait disposé ses légions en ordre de bataille sur trois rangs, selon la coutume. Par crainte des éléphants, il avait renforcé le centre et par là affaibli ses ailes. Ayant décidé d'attaquer sans attendre ses alliés numides, il manquait de cavaliers.

Au signal donné par les trompettes, les légionnaires s'élancèrent, les javelots sifflèrent et s'abattirent sur les éléphants. On vit alors les bêtes puissantes secouer les traits qui s'étaient fichés dans leur peau grise, pousser des barrissements épouvantables, et avec une rapidité dont on ne les eût pas crues capables, foncer sur la légion. Le sol trembla, la poussière obscurcit tout, le choc fut terrible.

Avec leur poitrail cuirassé garni d'un épieu, leurs défenses d'ivoire effilées comme des sabres, leurs trompes sanglantes assommant les hommes ou les lançant en l'air comme des pantins disloqués, les éléphants, ivres de fureur, piétinèrent les premiers rangs des légions romaines, pendant que, du haut des tours, les archers criblaient de flèches les cohortes désorganisées.

Mais, à la surprise des Puniques, les Romains ne cédèrent pas à la peur. Le temps n'était plus où la seule apparition des éléphants d'un Pyrrhus ou d'un Barca glaçait le sang dans leurs veines et les précipitait dans la fuite.

Les légionnaires, à l'appel de leurs centurions, se regroupèrent autour des lourdes bêtes dont ils coupaient les jarrets ou qu'ils éventraient à plein glaive. Plusieurs éléphants blessés firent demi-tour, fonçant sur la phalange. Il fallut les abattre. Leurs guides indiens, la mort dans l'âme, leur fendirent le crâne avec un ciseau et un maillet.

La légion, qui avait oscillé un moment sous le choc, dispersa aisément les troupes puniques placées en avant de la phalange. Regulus entrevoyait déjà la victoire :

« Ce soir, disait-il, nous camperons à la citadelle de Byrsa ! »

Mais alors qu'ils pénétraient comme un coin dans les lignes ennemies, les légionnaires aperçurent les cavaliers de Xanthippe qui les attaquaient dans le dos. Les javelots, les flèches, les balles de plomb s'abattirent sur les cohortes obligées de faire volte-face. Le soleil brûlant dardait ses rayons sur cet espace plein de trouble et de tumulte où se jouait le destin de Regulus.

Alors, la phalange s'ébranla puissamment au chant du *péan*, le vieil hymne de guerre des Grecs. Les hoplites formés en carrés avançaient d'un même pas. Les six premiers rangs croisaient leurs lances dont les pointes ressemblaient à un hérisson de fer. Les soldats des dix lignes suivantes, appuyant leur arme sur l'épaule des hommes placés devant eux, enfonçaient tout sur leur passage sous le poids énorme des sarisses.

Les légionnaires, qui avaient dispersé les cavaliers harcelant leurs arrières, affrontèrent résolument la phalange. Bien protégés par leurs grands boucliers, ils frappaient de leur glaive sur la hampe des sarisses qu'ils brisaient au ras de la pointe.

La légion résista d'abord, mais la phalange hérissée de lances ondulait comme un serpent, brisant l'une après l'autre les lignes romaines. Les cohortes disloquées, privées des soldats les plus valeureux, ne luttaient plus que pour l'honneur.

Alors que le soir tombait, les Romains donnèrent le signal de la retraite. On ne les poursuivit pas. Les débris de l'armée se retirèrent à Clupéa, accablés par la défaite, et, plus encore, par la terrible nouvelle :

« Regulus est prisonnier ! »

5. LA RANCUNE DE ROME

Le retour des vainqueurs fut salué à Carthage par une grande joie. La foule se précipita au pied des autels pour rendre grâce aux dieux. Des voiles de la soie la plus fine recouvrirent les statues de Tanit, tandis que des taureaux sacrés furent offerts en sacrifice au brasier de Moloch tout-puissant.

Le Conseil fit distribuer au peuple du blé, de l'huile et du vin, pendant que des cortèges bruyants parcouraient, au son des flûtes et des tambourins, les rues jonchées de fleurs.

Bientôt, les vainqueurs défilèrent, au milieu des acclamations, et les Suffètes remirent à Xanthippe une épée d'or à la garde sertie de pierreries.

Les prisonniers romains, encadrés par les gardes puniques, traversèrent une cité en liesse. Nul n'insulta les vaincus. Quant à Regulus, il comparut devant le Grand Conseil.

« Nous désirons la paix, lui dirent les Suffètes. Nous t'offrons de partir librement pour Rome afin d'engager le Sénat à négocier. Donne-nous seulement ta parole que tu reviendras à Carthage, quel que soit le résultat de ta mission.

— J'en fais le serment », répondit Regulus.

C'est un grand jour au Forum. Le peuple romain se presse sur la voie sacrée. Le bruit court que Rome et Carthage vont enfin négocier la paix. Les sénateurs, à la toge blanche bordée de pourpre, se fraient un chemin dans la foule pour gagner la Curie. Là, ils prennent place sur des bancs de marbre de part et d'autre d'une allée centrale.

Regulus, l'air abattu, s'avance. Le prince du Sénat rend hommage au courage malheureux des légions d'Afrique et de leur chef. Il expose les offres de paix de Carthage. Puis il demande à Regulus son opinion :

« Je pense, déclare celui-ci, qu'il faut poursuivre la guerre si nous voulons contraindre les Puniques à nous abandonner la Sicile. Je vous adjure de venger nos frères qui sont morts sur les rives du Macar ou qui gémissent dans les cachots de Byrsa. »

Ce que Regulus ne dit pas, c'est que, depuis son retour à Rome, le Sénat, qui veut continuer la guerre, a utilisé tous les moyens, faveurs ou menaces, pour obliger le proconsul à prendre publiquement cette position tranchante contre la paix. Regulus a cédé, mais alors qu'on le presse de demeurer à Rome, il affirme :

« Je serai fidèle à ma parole. Je retournerai à Carthage pour me constituer prisonnier.

— C'est insensé, lui dit-on. Les Puniques te livreront au supplice.

— Je partirai dès demain. Je demande seulement que le peuple romain remette en état mon petit domaine de Pupinum et qu'il veille à la subsistance des miens. »

Après l'échec de sa mission, Regulus, respectueux du serment qu'il avait prêté, retourna donc à Carthage. Il y connut à nouveau les chaînes de la captivité jusqu'au jour où un échange de prisonniers le libéra.

Mais Regulus ne revit jamais le môle d'Ostie. Le

bateau du retour coula par une nuit de tempête au large de la Sicile.

C'est alors que, pour justifier la guerre sans merci qu'il entendait mener contre Carthage, le Sénat, au mépris de toute vérité, forgea une sanglante histoire que nous ont transmise les écrivains romains :

« ... Regulus, dirent-ils, pour n'avoir pas apporté aux Carthaginois la paix souhaitée, fut condamné à mort par les Anciens. On pensa d'abord à le clouer sur une croix comme un vil esclave ou à le livrer aux bêtes fauves. On préféra l'attacher à une colonne, les paupières coupées, les yeux brûlés par le soleil implacable.

« Puis on l'enferma dans un tonneau hérissé de pointes que l'on fit rouler sur les pentes de Byrsa, aux applaudissements de la foule en délire. Ainsi mourut Regulus, martyr de la parole donnée... »

Sans doute pensaient-ils, les dignes sénateurs, qu'un mensonge, quand il est romain, n'est pas un mensonge, et que la mauvaise foi ne saurait être que punique, tout comme la cruauté.

Et surtout, puisqu'il fallait, pour la grandeur de Rome, que Carthage fût détruite, n'importait-il pas aussi qu'elle eût mérité son châtiment ?

V

LE FILS D'HAMILCAR

« Quand il est arrivé parmi nous, j'ai cru retrouver son père Hamilcar : il avait les mêmes traits, le même regard... Ah ! c'était un rude général, Hamilcar ! J'ai servi cinq ans sous ses ordres, je peux en parler. Mais celui-ci le vaut, croyez-moi. »

L'homme qui parlait ainsi était un vieux soldat punique aux cheveux grisonnants, au visage buriné. Les Carthaginois groupés autour des feux de bivouac avaient fait cuire les galettes d'épeautre pour le repas du soir et s'entretenaient paisiblement. Autour d'eux, pourtant, c'était la nuit d'Espagne pleine de dangers et de terreurs, et dans l'ombre, à quelques milles seulement peut-être, bivouaquait aussi l'armée des ennemis. Mais le camp punique était bien gardé : partout des sentinelles veillaient, scrutant l'ombre, épiant le silence.

Ici, autour du feu, on se rappelait le pays, on évoquait les souvenirs de Carthage. Mais on parlait aussi de cette guerre longtemps incertaine et de l'audace du jeune chef Hannibal que tous admiraient.

« L'autre jour, continuait le vétéran, lorsque notre arrière-garde a été attaquée par cette bande de cavaliers espagnols, vous avez vu avec quelle promptitude il est intervenu pour les encercler !

— Certes, il est adroit, disait un autre. Il est vrai qu'il a été à bonne école : il paraît qu'il n'avait pas dix ans lorsque son père l'a emmené avec lui à l'armée d'Espagne !

— Et pour un jeune, quel courage, quelle endurance ! Pendant les marches, il est près de nous, il supporte avec nous la chaleur, le froid, la fatigue. Si le ravitaillement est insuffisant, il jeûne tout comme le soldat. Au combat, il est au premier rang, il partage tous nos dangers : c'est un vrai chef ! »

Les feux s'éteignaient, les visages tout à l'heure encore dessinés par les derniers rougeoiements des flammes se fondaient dans l'ombre. Les hommes roulés dans leur manteau de laine grise s'étendaient côte à côte près des cendres tièdes. Bientôt, le camp dormirait sous la protection des sentinelles.

Au poste le plus avancé, près des gardes en faction devant la nuit hostile, un jeune homme reposait à même la terre, couvert d'un manteau de laine rude pareil à celui des soldats. Rien dans son équipement ne distinguait Hannibal, si ce n'est la richesse du bouclier de bronze ouvragé qui luisait près de lui sur l'herbe noire.

Au fond du ciel, d'un bleu sombre, la froide Tanit brillait aussi comme un grand bouclier d'argent.

Dans le silence profond de la nuit que trouble seulement par instants le cri d'une hulotte, le fils d'Hamilcar ne dort pas. Derrière ses paupières fermées passent et repassent des images d'autrefois...

Il se revoit à Carthage, tout petit garçon : il a la main dans celle de son père, de son dieu. Hamilcar le conduit devant l'autel où brûle sans cesse la flamme dévorante de Moloch ; et l'enfant répète en tremblant les mots d'un terrible serment de haine aux Romains.

Puis il a neuf ans : il reçoit alors d'Hamilcar le plus

royal des présents : la promesse d'être emmené avec lui en Espagne, à l'armée. Il y arrive bientôt, salué par les acclamations des soldats, et tout fier de sa petite cuirasse, de son glaive presque aussi haut que lui... Il fait le rude apprentissage des camps, mais rien ne le rebute, ni la fatigue, ni les privations, ni les dangers, puisqu'il vit enfin dans le reflet de la gloire paternelle.

Auprès d'Hamilcar, il apprend longuement à obéir avant que de commander. Mais ce père exigeant, impitoyable à tout manquement, l'entoure d'une tendresse attentive et s'ingénie à parfaire son éducation militaire.

Hannibal se rappelle leurs longues conversations. Il entend encore la voix ardente d'Hamilcar lui répéter :

« Toutes les richesses de l'Espagne, ses mines d'or et d'argent, ses villes, ses greniers et ses ports, il nous les faut pour lutter contre la puissance romaine ! »

Puis encore :

« Nous devons attaquer Rome en Italie même, la réduire à se battre pour son propre territoire. D'Espagne où nous serons solidement établis, nous gagnerons, à travers les Pyrénées, puis les Alpes, les plaines du Pô, nous soulèverons les Gaulois dont nous nous ferons des alliés, puis nous marcherons sur Rome pour l'anéantir ! »

... Mais Hamilcar ne verrait pas au bout de la longue route poindre à l'horizon les célèbres collines et les murs de la ville abhorrée. Un jour de bataille, près d'Elche, il avait rencontré son destin...

Hannibal se souvient : la brume d'un matin d'hiver, les flots jaunâtres d'un fleuve en crue, l'armée tombant dans le piège que lui avait tendu l'Espagnol. Et brusquement, au milieu de l'effroi et du désordre, Hamilcar se précipitant au grand galop afin de le protéger, lui, Hannibal, qui va être encerclé et prisonnier... Le vol sifflant d'un javelot : Hamilcar s'effondre sur l'encolure de son cheval tandis qu'une sinistre tache s'agrandit sur la laine blanche du manteau ; puis il culbute dans les eaux tumultueuses qui l'entraînent. Hamilcar Barca n'est plus...

Les larmes jaillissent des yeux d'Hannibal à ces souvenirs : il y a plus de dix ans déjà, et la blessure en son cœur est aussi vive qu'au premier jour.

Et maintenant, les dés sont jetés : Hannibal, qui fut proclamé à vingt-six ans chef de l'armée d'Espagne, a pris Sagonte, ville protégée par les Romains, afin de rendre la guerre inévitable. Il se prépare à passer l'Èbre avec cent mille hommes prêts au combat.

Carthage a renvoyé avec hauteur Valerius Flaccus et les ambassadeurs romains venus réclamer la punition du coupable. Dans son trésor, en effet, coulent désormais à grands flots l'argent et l'or des mines de la Sierra Morena, du pays de Carthagène, de Castulon. Il est loin le temps où les mercenaires révoltés réclamaient sous les murs de Carthage leur solde impayée !

Bientôt, l'innombrable armée punique marchera sur l'Italie terrifiée et le pas lourd des éléphants fera trembler les murailles de Rome !

« Ô dieux ! songe Hannibal dans la nuit silencieuse. Mon serment sera tenu, et toi, mon père, vengé ! »

ENTRACTE

Plan de Carthage

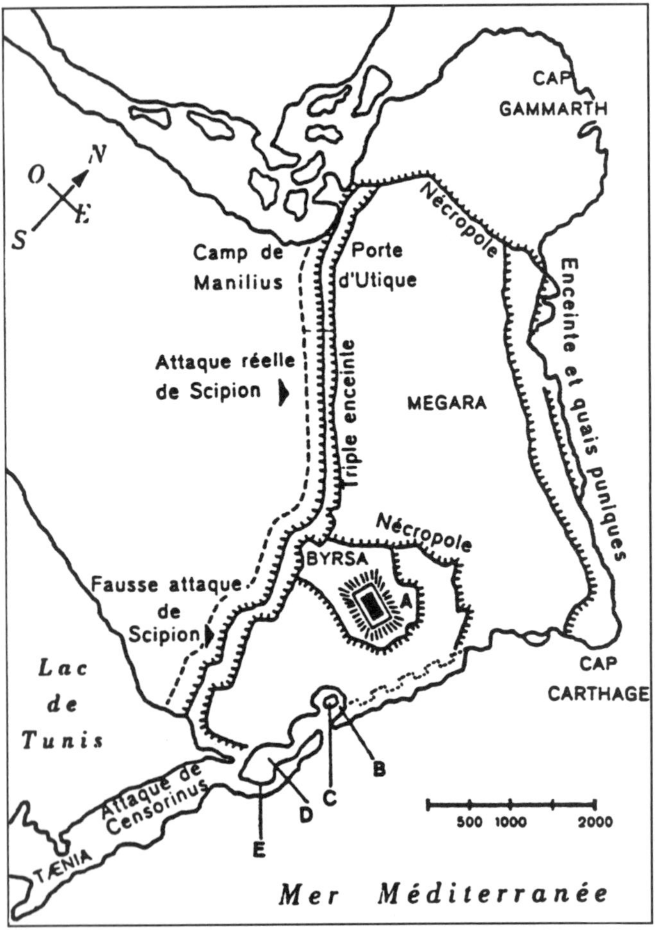

A Temple d'Eschmoun (Esculape) **B** Port militaire Cothon **C** Palais Amiral **D** Port marchand **E** Digue de Scipion

Magazine carthaginois

ÊTES-VOUS UN HÉROS FONDATEUR ?

Les héros ne sont pas tous d'origine divine ; certains sont de simples mortels qui se sont distingués en fondant une cité : ainsi vous venez d'admirer comment une femme, aussi astucieuse que déterminée, a donné naissance à Carthage. À votre tour, vous pouvez devenir un héros si vous parvenez à fonder une ville, mais pour cela il vous faut gagner des hectares de terrain.

Ce jeu vous propose de reconnaître sept fondateurs. Chacun d'eux, désigné par une lettre (de A à G), est défini par trois indices de plus en plus faciles (ex. A1, A2, A3).

1. Dès que vous reconnaissez un héros, reportez-vous au tableau ci-dessous ; inscrivez son nom et cochez le numéro de l'indice qui vous a permis de l'identifier. Si vous le reconnaissez au premier indice, vous gagnez vingt hectares, au deuxième dix, au troisième cinq.

2. En fin de jeu, vous trouverez les solutions ; comparez vos réponses avec celles-ci ; en cas d'erreur, vous perdez les hectares correspondants.

3. Faites enfin le total des hectares que vous avez gagnés. Bonne chance !

TABLEAU DES RÉSULTATS

HÉROS	INDICE 1	2	3
A =			
B =			
C =			
D =			
E =			
F =			
G =			
NOMBRE DE CROIX			
à multiplier par	20	10	5
TOTAL D'HECTARES PAR COLONNE			
TOTAL DES HECTARES GAGNÉS =	....		

	PREMIER INDICE
A1	Il fonde sa ville à l'endroit où s'arrête la vache tachetée que lui avait offerte le roi de Phrygie et qu'un oracle lui avait conseillé de suivre.
B1	Ingrat, il rompt le fil qui le lie à sa belle fiancée et l'abandonne sur l'île de Naxos.
C1	Après avoir consulté l'oracle de Delphes, il suit une vache portant sur ses flancs un disque blanc et fonde sa ville à l'endroit où elle s'abat de fatigue.
D1	Les Latins l'appellent Iule. Jules César a toujours prétendu être l'un de ses descendants.
E1	Avec une charrue attelée à un taureau blanc, il trace le sillon qui délimitera sa « Ville Carrée ».
F1	Après treize ans de combats en Espagne, il meurt poignardé par un Gaulois.
G1	Elle s'enfuit de Tyr en emportant le trésor de son époux Acerbas.

	DEUXIÈME INDICE
A2	Pour lui témoigner sa faveur, Zeus fait tomber du ciel le Palladion, statue de sa fille préférée, Athéna Pallas.
B2	Étourdi, il oublie la promesse faite à son père. Celui-ci, à la vue d'une voile noire, se jette dans la mer qui porte son nom.
C2	Il vit en harmonie avec son épouse et enseigne à ses sujets l'alphabet, l'art d'atteler les bœufs et celui d'exploiter les mines.
D2	Un oracle l'a prédit : « Digne descendant de la race d'Hector, il contribuera à la gloire de sa lignée sur la terre d'Hespérie. »
E2	Pour procurer des épouses à ses sujets et assurer la descendance de son peuple, il organise une grande fête religieuse, invite les peuples voisins et fait enlever les jeunes filles.
F2	À la mort de son beau-père, Hamilcar Barca, il est proclamé général par l'armée carthaginoise.
G2	Elle est belle, mais le fils d'Aphrodite la délaisse et son chagrin d'amour la pousse au suicide.

	TROISIÈME INDICE
A3	Il se désole d'être le père de Laomédon qui, deux fois parjure, causa la première destruction de sa ville, mais s'enorgueillit d'être l'ancêtre commun de Priam et d'Énée.
B3	À travers un enchevêtrement de salles et de couloirs, il parvient jusqu'au Minotaure et le tue.
C3	Bien que né de la cuisse de Jupiter, son petit-fils est un ivrogne célèbre qui aime festoyer avec ses compagnons à queue de bouc.
D3	Enfant, il fuit sa patrie en flammes, avec son père Énée, son grand-père Anchise, et leurs Pénates. Ensemble, ils embarquent pour une longue odyssée.
E3	Nouveau-né, il est abandonné avec son jumeau dans une corbeille livrée aux eaux du Tibre. Une louve et un pivert les recueillent et les nourrissent.
F3	Pour éviter toute confusion avec le frère d'Hannibal qui porte le même nom, il est surnommé *Le Beau*.
G3	Alors qu'elle s'appelle encore Élissa, elle imagine de découper une peau de bœuf en lanières pour délimiter son territoire.

Vous avez obtenu entre 5 et 35 hectares :
Vous pouvez vous construire une ferme, cultiver vos champs et vivre tranquillement du produit de votre labeur.
Vous avez obtenu entre 35 et 70 hectares :
Un village vous appartient. Ses habitants sont sous votre autorité et travaillent pour vous.
Vous avez obtenu entre 70 et 140 hectares :
Bravo ! Vous possédez suffisamment de terrain pour bâtir une grande ville. Vous êtes digne de figurer parmi les héros fondateurs.

Attention, vous n'êtes pas encore au bout de vos peines ! Il va maintenant falloir consolider votre puissance.

Vous pouvez retrouver les aventures de ces héros si vous lisez, dans la même collection, les : *Contes et légendes mythologiques*, *Contes et légendes de la naissance de Rome*, *Contes et récits tirés de* l'Iliade *et de* l'Odyssée, *Contes et récits tirés de* l'Énéide.

Solution
A = Ilos **B** = Thésée **C** = Cadmos **D** = Ascagne
E = Romulus **F** = Hasdrubal le Beau **G** = Didon

Vos gains ont attiré la convoitise de nombreux concurrents qui jalousent votre pouvoir. Pour asseoir votre autorité, deux nouvelles épreuves vous attendent. Il vous faut :

- *reconnaître les sept villes qui se dissimulent dans les sept énigmes proposées ci-dessous ;*
- *associer chacune de ces villes au héros qui l'a fondée et dont le nom figure dans le tableau précédent.*

Chaque réussite vous donne un point. Si vous obtenez moins de huit points, votre puissance est sérieusement menacée et de grandes difficultés vous attendent. Si vous approchez de quatorze points, votre gloire est assurée pour des siècles.

V1	On m'appelle *La Blanche* ou *La Longue*. C'est dans mon palais que les fils de la louve ont été reconnus par leur grand-père Numitor.
V2	Voyageur ! tu ne franchiras mes murailles que si tu parviens à résoudre l'énigme que t'imposera un monstre terrifiant à tête de femme sur un corps de lion, le Sphinx.
V3	J'étais belle, riche en or et puissante. Je devais mon existence à une vache, mais un cheval a causé ma ruine. Heureusement, un héros a sauvé mes pénates.
V4	Je suis sous l'égide de la fille préférée de Zeus. Fidèles, prosternez-vous dans le Parthénon que Phidias a sculpté en son honneur sur mon Acropole.
V5	Un Troyen enflamma le cœur de ma reine, puis l'abandonna. J'ai maudit ses descendants. Ils m'ont fait périr dans les flammes !
V6	Je suis née de la détermination de l'armée d'Hamilcar : mon sol, truffé d'or et d'argent, a servi à préparer l'anéantissement de son ennemi juré.
V7	Pendant des siècles, du haut de mes sept collines, j'ai dominé le monde et j'y ai imposé ma paix.

Solution

V1 = Albe-Ascagne
V2 = Thèbes-Cadmos
V3 = Troie-Ilos
V4 = Athènes-Thésée
V5 = Carthage-Didon
V6 = Carthagène-Hasdrubal le Beau
V7 = Rome-Romulus

RECETTE POUR FONDER CARTHAGE

Une jolie ville dans une peau de vache

Les flammes qui ont détruit Carthage ont endommagé le livre de cuisine d'Élissa. Nous avons tenté d'en reconstituer la première recette, mais nous avons encore quelques hésitations. Aidez-nous à choisir les bons ingrédients.

• Accordez à votre frère Pygmalion, l'assassin de votre époux, une entrevue et feignez [*le pardon / le désespoir / la haine*]. Laissez-le jubiler à petit feu.

• Pendant ce temps, entrez secrètement en contact avec quelques [*maîtresses / amis / ennemis*] de ce roi sanguinaire et faites-leur part de votre projet de [*détruire / fuir / régner sur*] Tyr, la cité de vos ancêtres. Mettez-les en attente.

• Prenez une pincée [*de ruse / de sel / d'aphrodisiaque*] et attisez [*la générosité / les regards / la convoitise*] des proches de Pygmalion ; ils vous suivront dans [*le vaisseau / le palais / la grotte*] où vous aurez rassemblé vos [*richesses / enfants / pénates*].

• Quand tous les ingrédients sont prêts, levez discrètement [*le mystère / le voile / l'ancre*] ; laissez crier et protester. Après concertation, tous les hommes choisiront d'être vos [*alliés / prétendants / ennemis*]. Laissez-vous aller au gré des flots bouillonnants.

• À votre arrivée en Afrique, achetez un énorme [*veau / bœuf / porc*]. Égorgez-le et recueillez tout le sang pour l'offrir [*aux dieux / aux autochtones / à Pygmalion*]. Prélevez avec précaution [*la peau / la tête / les entrailles*] et mettez en attente. Coupez la chair en morceaux ; faites dorer à petit feu et servez chaud.

• Reprenez la pièce que vous avez réservée, faites-la [*rissoler / tremper / sécher*] ; puis découpez-la le plus finement possible en [*dés / lanières / tranches*]. Assemblez les morceaux afin d'obtenir une énorme [*pelote / potée / couverture*].

• La ruse est tissée. Soignez la présentation en dessinant avec amour [*les décorations du plat / les limites de votre ville / deux cœurs entrelacés*].

Vous n'avez plus qu'à déguster avec vos amis le fruit de votre ingéniosité !

Solution chap. I.

LES CHEMINS DE L'AMOUR

Les chemins de l'amour sont-ils impénétrables ou saurez-vous, en reliant les étapes qui conviennent, retracer deux parcours amoureux entrelacés : celui de Didon (départ n° 2) et celui de Sophonisbe (départ n° 1) ? Attention ! certaines étapes peuvent se rencontrer deux fois.

Si vous n'y parvenez pas, relisez les chapitres I, II et IX.

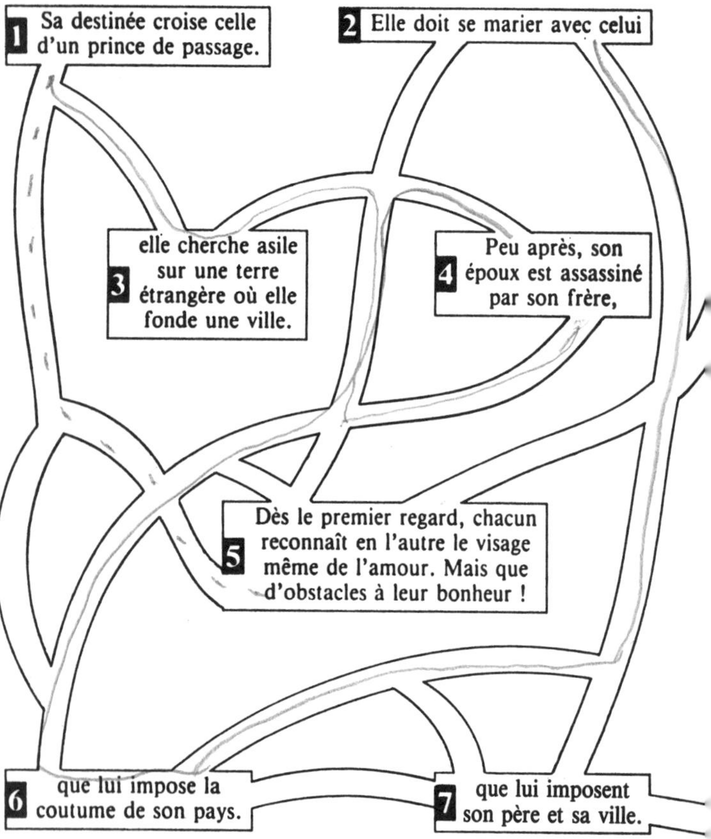

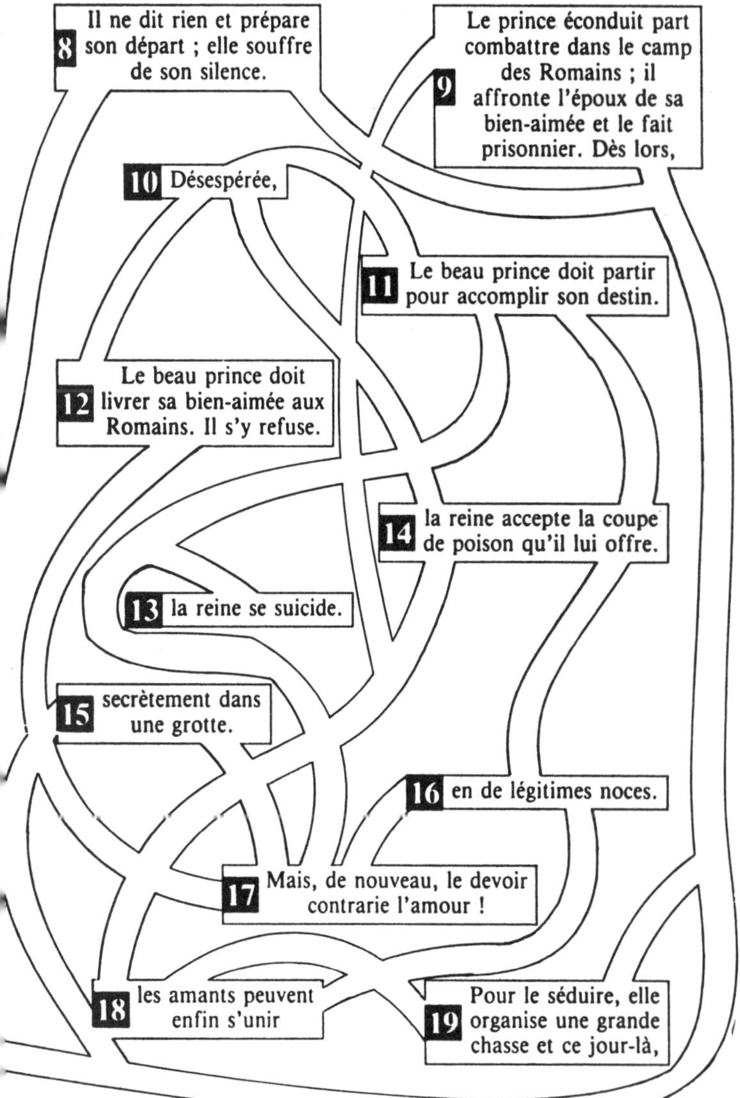
8 Il ne dit rien et prépare son départ ; elle souffre de son silence.
9 Le prince éconduit part combattre dans le camp des Romains ; il affronte l'époux de sa bien-aimée et le fait prisonnier. Dès lors,
10 Désespérée,
11 Le beau prince doit partir pour accomplir son destin.
12 Le beau prince doit livrer sa bien-aimée aux Romains. Il s'y refuse.
13 la reine se suicide.
14 la reine accepte la coupe de poison qu'il lui offre.
15 secrètement dans une grotte.
16 en de légitimes noces.
17 Mais, de nouveau, le devoir contrarie l'amour !
18 les amants peuvent enfin s'unir
19 Pour le séduire, elle organise une grande chasse et ce jour-là,

L'ODYSSÉE D'HANNON

Une inscription ornant le temple de Baal à Carthage relatait une expédition : « Le périple d'Hannon ». L'original en langue punique a disparu avec la destruction de la ville, mais nous connaissons une traduction grecque qui commence ainsi :

« Récit du voyage du roi des Carthaginois Hannon autour des contrées qui sont au-delà des Colonnes d'Hercule. » Le texte est incomplet et les étapes indiquées sont loin d'être identifiées avec certitude.

Des indices tirés du chapitre III vous proposent une série d'étapes. Placez en face de chacun d'eux la lettre correspondant au lieu tel qu'il est décrit, puis le numéro de l'étape que vous reporterez sur la carte. Attention, Hannon fait parfois un aller-retour et peut donc passer plusieurs fois au même endroit.

Indice	Lettre	Lieu	N°
Abdalonium y fonde une nouvelle cité.		**A.** Embouchure du Sénégal	
À partir de ce cap rocheux, la côte s'infléchit à l'est.		**B.** Lixos	
En cet endroit, Hannon pense être arrivé aux limites de la terre.		**C.** Cap Salé	
Des sauvages au corps velu peuplent cette île.		**D.** Río de Oro	
Une épaisse forêt recouvre cette île verdoyante.		**E.** Char des Dieux	
Sur ce cap fut élevé un sanctuaire en l'honneur de Tanit.		**F.** Île de Cemé	
Ce lieu portait dans l'Antiquité le nom d'un héros.		**G.** Cap des Palmes	
Aux confins du désert s'étend un pays déjà connu des Carthaginois.		**H.** Île des Gorilles	
Sur la côte, un fleuve roule des galets, mais aussi des paillettes d'or.		**I.** Embouchure du Sébou	
Les habitants de ce lieu jettent d'énormes pierres sur les vaisseaux.		**J.** Détroit de Gibraltar	

« Les navires, après avoir chargé à leur bord l'or et les richesses de Cerné, repassèrent les Colonnes d'Hercule et revinrent à Carthage sans encombre » (p. 44).

CADEAU (P)UNIQUE

Pour vous récompenser de vos efforts, nous vous offrons le plus précieux des bijoux carthaginois : un superbe pendentif en or portant six chiffres et dont le centre est orné de deux lettres enlacées. Il représente de manière symbolique les deux peuples que la reine Didon aurait aimé confondre dans le même amour. Mais quel est donc leur nom ? À chaque chiffre correspond la lettre initiale d'un mot à retrouver à l'aide des indices suivants :

- *1 et 4 sont à leur place sur la rose des vents ;*
- *3 est l'autre nom de Didon ;*
- *6 est la patrie d'Énée ;*
- *2 est la ville dont il est le lointain ancêtre ;*
- *5 est ce qui reste à la reine pour pleurer.*

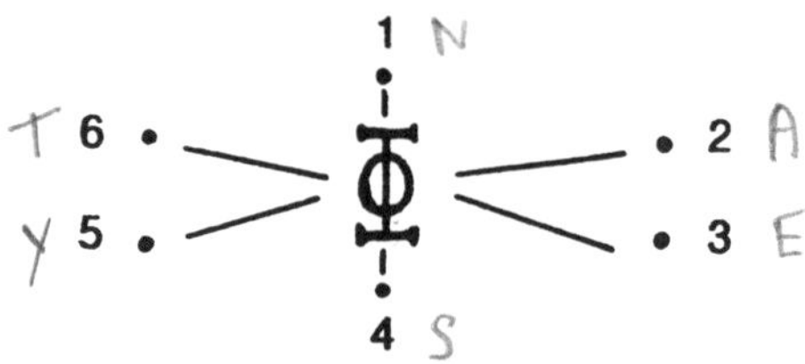

QUE LES DIEUX VOUS PROTÈGENT !

Dix divinités égyptiennes, grecques et latines se cachent dans cette grille, ainsi que les six divinités puniques évoquées dans les contes que vous venez de lire. À vous de les retrouver.

Z	R	E	T	E	M	E	D	I
E	E	S	H	M	O	U	N	S
U	S	E	R	A	L	X	U	A
S	I	R	I	S	O	N	R	T
E	B	E	R	O	C	E	I	U
B	D	A	D	A	H	N	F	R
R	A	I	D	I	A	N	E	N
I	O	A	S	T	A	R	T	E
E	P	A	L	U	C	S	E	R

Solution chap. I à VI.

MOI, HANNIBAL

Buste antique d'Hannibal
(Naples, Musée national)

Passionné(e) d'histoire et ému(e) par l'extraordinaire destin d'Hannibal, vous avez décidé d'écrire sa biographie. Afin de le rencontrer, vous vous rendez à la cour du roi où le grand général carthaginois a trouvé refuge. Il vous confie ses souvenirs, tandis que vous l'enregistrez sur votre magnétophone portatif. Hélas ! Une fois de retour chez vous, vous constatez que votre appareil a mal fonctionné : certains mots sont inaudibles, comme effacés du récit. Saurez-vous les retrouver parmi les trois solutions proposées pour chacun ? Si votre mémoire est aussi défaillante, la réponse vous attend aux pages indiquées.

• Me voici aux portes de la nuit : j'ai [*65 / 70 / 75*] ans et mes jours sont comptés.

• Mon hôte, le roi [*Antiochus de Syrie / Crésus de Lydie / Prusias de Bithynie*] est un lâche : il est prêt à me livrer aux Romains, mais je n'ai pas peur de mourir. Je revois mon enfance heureuse à Carthage, mes jeux avec mes frères et ma sœur [*Sophonisbe / Salammbô / Anna*].

• J'appartiens à la noble famille des [*Barca / Carba / Rabca*] et mon père [*Hannon / Hamilcar / Hasdrubal*] m'a élevé avec autant de tendresse que de sévérité : je me souviens encore du jour où il m'a fait prêter un serment [*d'amitié / d'alliance / de haine*] aux Romains. Je n'avais pas encore [*5 / 10 / 15*] ans lorsqu'il m'emmena avec lui à l'armée d'Espagne. Je menais la rude vie des fantassins, mais j'étais fier du superbe [*bouclier / casque / cheval*] qu'il m'avait offert.

• Il faut dire qu'avec mes deux frères cadets [*Maharbal / Sétubal / Hasdrubal*] et [*Magon / Nargon / Baygon*], je faisais tout son orgueil : nous étions ses [*singes / éléphants / lionceaux*], comme nous appelaient familièrement les soldats. Je savais qu'un jour je serais digne de lui. Hélas il mourut en [*– 229 / – 219 / – 209*] devant la ville d'[*Alicante / Elche / Almería*] en tentant de me protéger de nos ennemis.

• Quelques années après, c'est moi qui fus proclamé chef de l'armée d'Espagne : j'avais à peine [*20 / 24 / 26*] ans. Je décidais alors de m'emparer de la ville de [*Carthagène / Sagonte / Sélinonte*] et de franchir [*le Guadalquivir / le Pô / l'Èbre*] : les dés étaient jetés, l'affrontement désormais inévitable.

Solution pp. 59, 60, 61, 62, 80, 81, 76, 78, 93, 94.

À L'EAU, LES ÉLÉPHANTS ?

218 avant J.-C. : décidé à marcher sur l'Italie, Hannibal a franchi les Pyrénées. Le voici en territoire gaulois ; mais, au début du mois d'août, un nouvel obstacle se dresse devant lui : le Rhône, aussi impétueux que large (pp. 63 et 84).

Vous êtes chargé(e) du commandement des troupes du génie et le général en chef vous a confié une délicate mission : faire traverser le fleuve à son armée. Vous avez déjà réussi — non sans peine — à transporter sur l'autre rive 50 000 fantassins et 9 000 cavaliers avec leurs chevaux, mais restent... trente-sept éléphants ! Quelle solution choisirez-vous parmi les dix hypothèses suivantes ?

1. Vous envoyez des éclaireurs en amont du fleuve pour tenter de repérer un passage à gué naturel.
2. Vous dressez un barrage provisoire pour détourner le cours du Rhône et faire ainsi traverser les éléphants à sec.
3. Puisque le fleuve est en période de basses eaux en raison de la chaleur estivale, vous accélérez la baisse de son niveau en installant des pompes à eau actionnées par les puissants pachydermes.
4. Vous construisez un gigantesque pont de bois suspendu au-dessus des eaux du fleuve.
5. Vous disposez les éléphants en cordée après les avoir soigneusement ficelés, puis vous les précipitez à l'eau pour les faire tirer avec d'immenses cordages par les tribus gauloises avoisinantes que vous avez réquisitionnées sur l'autre rive.
6. Vous entraînez patiemment les éléphants à nager.
7. Vous équipez chaque pachyderme d'une énorme bouée confectionnée en peaux de chèvre et vous le faites remorquer par un chaland.
8. Vous aménagez de vastes pontons de bois auxquels vous fixez des radeaux mobiles, le tout préalablement recouvert de gazon avec le plus grand soin pour faire croire aux naïfs animaux qu'ils n'ont pas quitté la terre ferme, puis vous amenez les éléphants par groupes à l'extrémité du dispositif et vous larguez les amarres.
9. Vous fabriquez une série de canoës, un par éléphant, et vous les lancez dans le courant à la queue leu leu.
10. Vous allez dans le port de Massalia (Marseille) acheter trois birèmes grecques dans l'intention d'en faire des péniches et d'y charger les encombrantes bêtes.

Vous avez fait votre choix ? Il est temps de vérifier que vous en avez bien mesuré tous les risques. Vous saurez alors si vous pourrez mener cette opération à bien et vous découvrirez dans le texte qui suit comment elle s'est réellement déroulée.

1. Trop incertain : vous ne connaissez pas ce fleuve, mais sa largeur et la violence de son débit laissent supposer qu'il n'y a aucun espoir de le passer à sec.
2. Trop long : les travaux exigés par la construction d'un barrage demanderaient des mois, sinon des années, pour être achevés.
3. Trop irréaliste : vous pourriez pomper pendant des siècles que le Rhône ne risquerait guère l'assèchement.
4. Trop ambitieux : vous ne disposez pas des moyens nécessaires pour la solidité d'une telle construction qui, de toute façon, s'effondrerait sous le poids des éléphants.
5. Trop hasardeux : les tribus gauloises pourraient bien vous jouer un mauvais tour en laissant les éléphants se noyer sans faire un geste.
6. Trop fastidieux : certes, les éléphants sont capables de nager à l'occasion, comme le montre le texte ci-après, mais les préparer à une traversée organisée ferait dépenser des trésors de patience sans résultat.
7. Trop compliqué : la confection des bouées exige des talents de couturière que vos soldats n'ont certainement pas.
8. BRAVO ! Vous avez trouvé la méthode mise au point par les Carthaginois. Vous n'avez plus qu'à lire le détail des opérations ci-dessous.
9. Trop risqué : au moindre mouvement, les craintifs pachydermes feraient chavirer leur embarcation.
10. Trop cher : le Grec propriétaire du chantier naval vous demanderait une somme astronomique pour ses birèmes.

Gravure du XIXᵉ siècle

Voici comment l'historien romain Tite-Live (59 avant J.-C./ 17 après J.-C.) raconte la fameuse traversée des éléphants dans son *Histoire romaine* (livre XXI, chap. 28) :

« Un radeau long de deux cents pieds (60 mètres) et large de cinquante (15 mètres) est amené de la terre ferme et installé sur le fleuve ; pour empêcher que le courant l'emporte, on l'a solidement amarré en amont de la rive par plusieurs câbles. En guise de pont, on le recouvre complètement de terre pour que les mastodontes s'y avancent en toute confiance comme ils le feraient sur le sol. Un autre radeau aussi large, mais long de cent pieds (30 mètres), construit pour traverser le fleuve, lui est attaché. Alors on fait avancer des éléphants, femelles en tête, sur le radeau qui offre toutes les garanties de la stabilité comme sur une route. Dès qu'ils ont traversé pour aller sur le plus petit qui lui est accolé, on largue les amarres qui les tenaient à peine attachés et on fait tirer le petit radeau vers l'autre rive par quelques embarcations légères. Puis, une fois les premiers éléphants débarqués, on en ramène d'autres et on les fait traverser. Ils ne manifestaient absolument aucune agitation tant qu'on les menait sur l'espèce de ponton solidement arrimé ; mais ils se mettaient à avoir peur dès que le radeau détaché les entraînait au large. Ils se serrent alors les uns contre les autres, car ceux qui sont sur les bords cherchent à s'éloigner de l'eau, et leur agitation se prolonge jusqu'à ce que la peur même les ramène au calme à la vue de l'eau qui les environne. Rendus fous furieux, certains tombent dans le fleuve ; mais comme leur poids même les maintient d'aplomb, ils renversent leurs guides et gagnent la terre ferme en tâtant du pied avec précaution pour trouver un passage. »

(Traduction d'Annie Collognat)

La traversée du Rhône eut lieu probablement près du confluent du fleuve et de la Cèze (à la hauteur d'Orange ; voir la carte p. XXV). Après le difficile passage des Alpes (pp. 64-65), l'armée d'Hannibal ne compte plus que 26 000 fantassins, 6 000 cavaliers et 21 éléphants ; les batailles ainsi que les rigueurs de l'hiver passé dans la plaine du Pô provoquent la mort de tous les pachydermes, à l'exception d'un seul, qui servira de monture au général carthaginois pour la suite de la campagne. Avant de parvenir en Étrurie, dans les monts Apennins où hommes et bêtes s'enfoncent dans les bourbiers, Hannibal contracte une ophtalmie qui finit par lui coûter un œil. La tradition en tirera l'image légendaire du « chef borgne monté sur l'éléphant Gétule » (dernier vers du sonnet « Après Cannes » de José Maria de Heredia).

CARTHAGE CONTRE ROME

LA CAMPAGNE D'ITALIE

Septembre 218 avant J.-C. : Hannibal a traversé les Alpes. *Vous allez participer aux quatre grandes batailles qui vont opposer les Carthaginois aux Romains sur le sol de la péninsule italienne. Mais vous devez auparavant les replacer dans l'ordre chronologique, puis retrouver leur nom en fonction de leur cadre géographique, ce qui vous permettra de les situer sur la carte ci-dessous ; il vous reste enfin à nommer les consuls qui dirigeront les légions romaines face à Hannibal. Pour vous aider, le grand chef carthaginois lui-même vous a fourni toutes les réponses, mais l'un de ses éléphants les a malencontreusement dispersées d'un coup de trompe !*

2 août 216 — Tiberius Sempronius Longus — Décembre 218

La Trébie (affluent du Pô ; rive droite) — Cannes (sur les bords de l'Aufide)

Lucius Aemilius Paulus — 21 juin 217 — Trasimène (lac d'Étrurie)

Novembre 218 — Publius Cornelius Scipio

Caius Terentius Varro

Caius Flaminius Nepos — Le Tessin (affluent du Pô ; rive gauche)

PREMIÈRE BATAILLE :
- son nom :
- sa date :
- général romain :

DEUXIÈME BATAILLE :
- son nom :
- sa date :
- général romain :

TROISIÈME BATAILLE :
- son nom :
- sa date :
- général romain :

QUATRIÈME BATAILLE :
- son nom :
- sa date :
- généraux romains : (attention ! ils sont deux)

Solution chap. VI et VII.

Tandis qu'Hannibal dispose ses troupes, le facétieux éléphant vous a encore joué un tour : il a mélangé les lettres des adjectifs indiquant les nationalités des principaux éléments de son armée. Saurez-vous les remettre dans l'ordre ?

Cavaliers : D I M U N E S

Fantassins : N Y B E L I S
O L A G U I S
G E S P O L A N S

Hannibal a remporté très facilement la ***première*** *bataille contre les Romains qui ont compris que la lutte serait dure (p. 66). Désormais, c'est vous qui allez déterminer la stratégie des belligérants à la place de leurs généraux : à chaque grande phase des deux affrontements suivants, des préparatifs au dénouement, vous devrez choisir entre deux tactiques, en donnant l'initiative tantôt aux Carthaginois, tantôt aux Romains. Selon les conséquences de votre décision, vous saurez quel camp marque alors l'avantage. Après la dernière phase, le total des points ainsi obtenus vous permettra de désigner le vainqueur. Mais attention ! on ne refait l'Histoire qu'en imagination : en vous reportant aux pages indiquées, vous retrouverez le véritable déroulement des combats.*

DEUXIÈME BATAILLE

Chaque adversaire a installé son camp de part et d'autre d'une petite rivière en crue dont les rives encaissées sont recouvertes de buissons touffus. La nuit vient de tomber.

CARTHAGE

Phase I : au soir (p. 66)
Vous décidez :

A. d'attendre le lever du jour et de remettre vos plans d'attaque au lendemain.
B. de donner l'ordre à deux mille fantassins et cavaliers de se cacher dans les buissons.

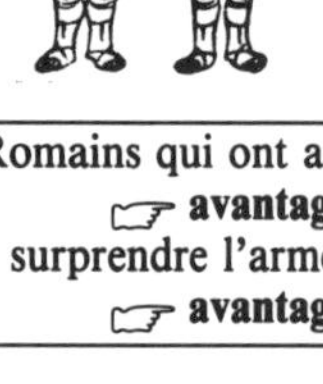

ROME

Les présages sont défavorables : vous ne tenterez rien avant le matin. La nuit porte conseil.

A. Le temps joue en faveur des Romains qui ont ainsi la possibilité de réparer leurs forces. ☞ **avantage pour Rome**
B. Le piège se met en place pour surprendre l'armée romaine. ☞ **avantage pour Carthage**

Phase II : à l'aube (p. 67)

Dans le froid du petit jour, vous avez envoyé vos cavaliers numides jusqu'au camp romain avec l'ordre de faire demi-tour dès que l'adversaire sera attiré au combat.

Vous décidez :

A. de prendre la tête de vos légions et de vous lancer sans hésiter à la poursuite des cavaliers numides.

B. de ne pas répondre à la provocation et d'attendre la fin du jour pour livrer une bataille rangée.

> A. Les soldats romains doivent partir en toute hâte et traverser la rivière : affamés et transis de froid, ils ne pourront pas résister à l'ennemi. ☞ **avantage pour Carthage**
>
> B. Les fantassins carthaginois ont l'infériorité du nombre : un affrontement des deux armées en rase campagne leur serait très défavorable.
> ☞ **avantage pour Rome**

Phase III : l'affrontement (p. 67)

La bataille fait rage, vous décidez :

A. de donner la priorité à votre cavalerie et de laisser vos fantassins sans appui.

B. d'envoyer vos redoutables éléphants en renfort pour résister à l'assaut des légions adverses.

Votre cavalerie est en déroute. Vous menez vaillamment votre infanterie à la charge.

> A. Bien entraînés au combat à pied, les escadrons romains peuvent enfoncer les lignes de l'infanterie carthaginoise privée de soutien.
> ☞ **avantage pour Rome**
>
> B. La charge des éléphants terrifie les légionnaires romains qui se laissent déborder puis encercler par les Carthaginois.
> ☞ **avantage pour Carthage**

Phase IV : le dénouement (p. 68)

C'est le moment où vous faites sortir vos soldats restés tapis dans les buissons : ils bondissent dans le dos de l'adversaire en hurlant.

Vous décidez :

A. d'adopter la formation en carré et de combattre avec le courage du désespoir.

B. de battre en retraite sans résister.

A. La trappe s'est refermée sur les Romains : seuls quelques milliers de légionnaires parviennent à se replier en bon ordre.
☞ **avantage pour Carthage**

B. C'est la déroute : les soldats romains sont écrasés sur les berges par les cavaliers et les éléphants carthaginois ou se jettent à l'eau et se noient. ☞ **avantage pour Carthage**

BILAN

CARTHAGE / ROME

Avantages		**Vous avez suivi le cours de l'Histoire :**
4	0	**La victoire est totale pour Carthage ; les Romains ont perdu près de trente mille hommes, tués, blessés ou prisonniers.** Si vous avez imaginé que Rome pouvait prendre quelque avantage, vous vous êtes trompé(e) !
3	1	Une fois de plus, les Romains n'ont pas su profiter de la situation et les Carthaginois restent maîtres des opérations.
2	2	Égalité : sans le fol orgueil de son général en chef, Rome pourrait maintenir ce statu quo.
1	3	Rome semble crier victoire, mais attention, le seul point de Carthage reste décisif puisque c'est le dernier !

TROISIÈME BATAILLE

Hannibal poursuit sa route vers le sud et se rapproche jour après jour de la cité de Romulus.

CARTHAGE

Phase I : la marche sur Rome (p. 68)

Vous décidez :

A. de traverser l'Étrurie à marche forcée et de tout brûler impitoyablement sur votre passage.

B. de prendre le temps de vous ravitailler dans les villages indigènes et de pactiser avec eux.

ROME

Vous rassemblez vos troupes au plus vite dans l'intention de vous porter à la rencontre de l'ennemi qui dévaste vos terres.

A. Les Carthaginois ont tout intérêt à prendre les Romains de vitesse pour les empêcher de se ressaisir après la défaite précédente.
☞ **avantage pour Carthage**

B. Chaque jour gagné permet aux Romains de reconstituer une armée solide. ☞ **avantage pour Rome**

Phase II : au crépuscule (p. 69)

Dès la veille, vous avez disposé vos soldats à l'affût des Romains dans les buissons épais qui couvrent la montagne et vous vous équipez en silence pour le combat.

Vous êtes parvenu(e) au bord d'un lac par une route encaissée dans la montagne.

Vous décidez :

A. de faire halte pour la nuit et de dresser le camp sur la rive du lac.

B. de dépasser le lac sans vous arrêter pour atteindre la plaine.

A. Sans aucune conscience du danger, les Romains vont se jeter dans la gueule du loup. ☞ **avantage pour Carthage**
B. La prudence est mère de sûreté : une armée en marche est toujours moins vulnérable en terrain découvert. ☞ **avantage pour Rome**

Phase III : à l'aube (p. 69)

Vous décidez :

A. d'attendre que le brouillard épais qui couvre le lac se dissipe complètement pour lancer votre dispositif d'attaque.

B. d'envoyer Maharbal fermer la route avec ses cavaliers tant que la visibilité est très réduite.

Vous engagez sans méfiance vos légions en colonne sur le sentier escarpé où l'on ne voit même pas à vingt pas.

A. Malgré une marche très ralentie par le brouillard, les Romains auront le temps de quitter le défilé et d'atteindre la plaine avant l'attaque carthaginoise. ☞ **avantage pour Rome**
B. La brume épaisse dissimule les cavaliers numides et le piège va se refermer inexorablement sur les légions romaines. ☞ **avantage pour Carthage**

Phase IV : le dénouement (p. 70)

Vous donnez le signal de l'attaque : tous vos soldats dévalent la pente et se jettent sur les légionnaires romains déconcertés et embarrassés par leur lourd chargement.

Vous décidez :

A. d'abandonner armes et bagages pour fuir droit devant vous.

B. de combattre sans avoir le temps de vous déployer en ligne de bataille.

A. La débandade est totale et les cavaliers de Maharbal poursuivent les fuyards pour les massacrer. ☞ **avantage pour Carthage**
B. C'est un véritable désastre : l'armée romaine est anéantie et la mort héroïque de son chef ne sauve que l'honneur. ☞ **avantage pour Carthage**

BILAN

CARTHAGE / ROME

Avantages		**Vous avez suivi le cours de l'Histoire :**
4	0	**Troisième victoire complète pour Carthage ; les Romains comptent quinze mille morts et presque autant de prisonniers.** Si vous avez imaginé que Rome pouvait prendre quelque avantage, vous vous êtes trompé(e) !
3	1	Les Romains n'ont pas su mettre à profit leur unique chance d'éviter le piège.
2	2	Égalité : le cours des événements paraît incertain, mais on saura bientôt qui a le dernier mot.
1	3	Rome a accumulé les avantages, mais elle ne saura pas remporter la mise.

Vous voici enfin arrivé(e) sur le champ de la quatrième grande bataille qui oppose Romains et Carthaginois au sud de l'Italie. Votre position d'observateur privilégié vous permet de mesurer les forces en présence.

Les Romains alignent huit légions — soit 90 000 fantassins — et 6 000 cavaliers selon la disposition traditionnelle de l'armée en ordre de bataille **(acies** en latin) :

Cavalerie	Alliés	infanterie lourde LÉGIONS infanterie légère	Alliés	Cavalerie

Chaque légion est répartie sur 3 lignes en quinconce articulées en 10 cohortes :

triarii — **acies tertia**
(vétérans en réserve)
principes — **acies secunda**
(1res lignes après les hastats)
hastati — **acies prima**
(soldats armés de javelines)

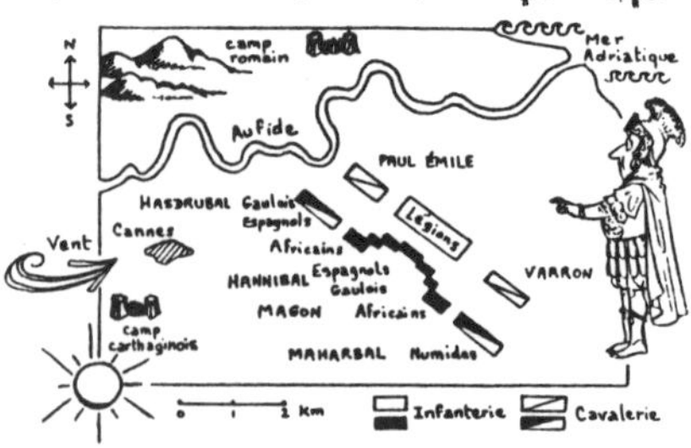

Face à ce dispositif lourd, Hannibal compense son infériorité numérique (ses effectifs représentent la moitié seulement de ceux de son adversaire) en étendant son armée sur une seule ligne de front très large en forme de croissant pointé vers les Romains.

À vous de choisir maintenant entre deux stratégies d'attaque : une seule suit le déroulement des opérations telles qu'elles ont eu lieu le 2 août 216 avant J.-C. ; saurez-vous rendre à l'imagination et à l'Histoire ce qui leur appartient ?

1. Hannibal donne l'ordre à ses fantassins et cavaliers de foncer droit sur les Romains.
2. La cavalerie romaine amorce aussitôt un mouvement tournant : Paul Émile traverse l'Aufide pour prendre Hasdrubal à revers ; Varron contourne Maharbal par le sud.
3. La légion romaine se divise en deux blocs qui tentent de prendre Hannibal et Magon en tenaille, tandis que les cavaliers de Paul Émile et Varron leur coupent la retraite.

1. Hannibal laisse la légion romaine enfoncer le centre de sa ligne de front et poursuivre les fantassins espagnols et gaulois qui se replient.
2. Les cavaliers d'Hasdrubal acculent ceux de Paul Émile contre le fleuve, puis reviennent soutenir ceux de Maharbal pour mettre Varron et les siens en déroute.
3. Après l'effacement, l'encerclement : les cavaliers carthaginois enferment la légion romaine dans la nasse verrouillée sur les côtés par les fantassins africains.

Solution pp. 87-88.

Un désastre pour Rome, le plus grave jamais subi dans toute son Histoire et qui aurait pu mettre fin à sa puissance : près de 70 000 soldats sont morts sur le champ de bataille, dont le consul Paul Émile lui-même. Mais pour les stratèges — amateurs ou professionnels ! —, une belle leçon de tactique : ainsi Alfred von Schlieffen, grand admirateur d'Hannibal, concevra le même plan de campagne pour les armées allemandes, conduites par les généraux Ludendorff et Hindenburg, qui remporteront la victoire à la bataille de Tannenberg contre les Russes du 26 au 29 août 1914.

Hannibal

POUR EN SAVOIR PLUS

Publius Cornelius Scipio Africanus

CASUS BELLI

Au milieu du IIIe siècle avant J.-C., Rome a imposé son autorité à la majeure partie de la péninsule italienne. Elle tourne désormais ses ambitions vers la Méditerranée où elle entre aussitôt en rivalité avec la République de Carthage, forte de son empire maritime et commercial.

Première guerre punique (264-241)

Les premiers affrontements ont lieu en Sicile, à mi-chemin entre les deux puissances.

Victoires romaines — Messine (264) ; Agrigente (262) — suivies d'échecs en Afrique — expédition manquée de Regulus (255) — puis de la défaite navale de Drépanon en Sicile (249). Mais la victoire romaine aux îles Égates (241) marque l'abandon de la Sicile par les Carthaginois, qui doivent payer un lourd tribut, et la création de la première province romaine.

Deuxième guerre punique (218-201)

Pour compenser la perte de la Sicile, Carthage se tourne vers l'Espagne. Parti de « la nouvelle Carthage » (Carthagène), Hannibal a juré de détruire la puissance romaine ; il prend l'initiative du *casus belli* en s'emparant de Sagonte (automne 219), alliée des Romains. Sa « campagne d'Italie » est foudroyante (voir le jeu correspondant pp. XVII-XXIII et son itinéraire sur la carte ci-contre).

Mais les Romains se ressaisissent : ils reprennent Capoue, Tarente et Syracuse qui étaient passées aux Carthaginois (212-209). Scipion s'empare de Carthagène et conquiert l'Espagne (210). Victoire du Métaure sur Hasdrubal : venu au secours de son frère Hannibal, il est tué dans la bataille (207).

Scipion passe alors en Afrique (204) où Hannibal est rappelé en catastrophe par le Sénat carthaginois (203) ; il remporte la victoire de Zama (19 octobre 202) qui lui vaut désormais le titre de Scipion « l'Africain ». Carthage n'est plus que la vassale de Rome.

Troisième guerre punique (149-146)

Assoiffée de conquêtes, Rome élargit ses convoitises vers l'Espagne, la Grèce, la Syrie, tout en surveillant Carthage dont la prospérité retrouvée l'inquiète. Elle profite d'un conflit entre celle-ci et le roi numide Massinissa, pour intervenir (149).

Scipion Émilien (petit-fils adoptif de Scipion l'Africain) dirige le siège de Carthage (148-146). La ville est prise et rasée (printemps 146), son territoire devient la province romaine d'Afrique.

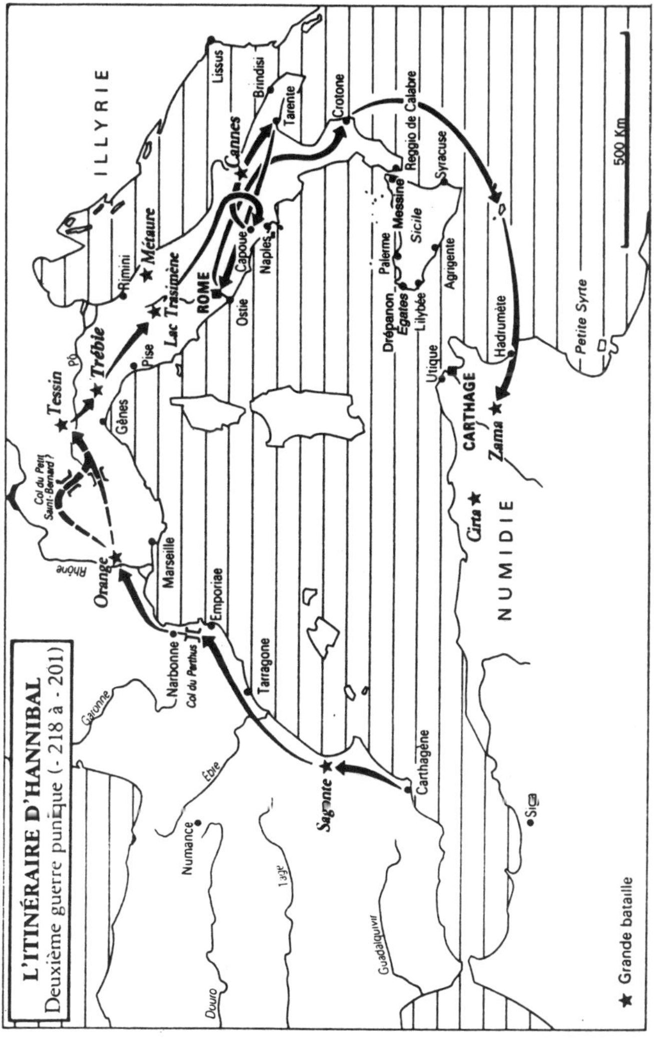

L'ITINÉRAIRE D'HANNIBAL
Deuxième guerre punique (- 218 à - 201)

L'HÉRITAGE PHÉNICIEN

LETTRES PUNIQUES

Les Carthaginois sont les héritiers directs des Phéniciens, comme l'illustre la légende même de Didon, la princesse venue de Tyr pour fonder Carthage. De ce fait, les Romains les désignaient sous le terme de *Punici* (les Puniques) calqué sur le grec « Phoinikes » (les Phéniciens, marins et commerçants réputés pour leur fameuse teinture pourpre). On peut dire que les Phéniciens sont les inventeurs de l'alphabet : ils sont les premiers à mettre au point un système de vingt-deux lettres redessinées à partir de très anciens signes d'écriture employés autour d'eux en Méditerranée, en Égypte notamment (voir « Le secret des hiéroglyphes » dans *Contes et légendes de l'Égypte ancienne*, parus dans la même collection). Chargés d'une signification concrète et pratique à l'origine — ainsi les deux premières lettres « alef » et « bet », repris en « alpha » / « bêta » par les Grecs, représentent les notions de « bœuf » et de « maison » —, ces signes vont directement inspirer l'*alphabet* grec, puis le latin, qui est aujourd'hui le nôtre.

Siècles avant J.-C.	XIIe-VIIIe	IXe-V^e		VIe
Significations	PHÉNICIEN et CARTHAGINOIS	GREC		LATIN
		archaïque	classique	
bœuf	𐤀	Α	Α	A
maison	𐤁 𐤁	Β	Β	B
joug ou chameau	𐤂 𐤂	Γ Γ	Γ	G
ouverture de tente	𐤃 𐤃	Δ Δ	Δ	D
fenêtre	𐤄 𐤄	Ε Ε	Ε	E
clou	𐤅 𐤅	Υ Ϝ	Υ	U V Y F
arme	𐤆	Ζ	Ζ	Z
haie	𐤇 𐤇 𐤇	Η Η	Η	—
serpent	𐤈	Θ	Θ	—
bras ou main	𐤉 𐤉	Ι Ι	Ι	I J
paume de la main	𐤊 𐤊	Κ Κ	Κ	K
aiguillon	𐤋 𐤋	Λ	Λ	L
eau	𐤌	Μ	Μ	M
poisson ou serpent	𐤍	Ν	Ν	N
support	𐤎 𐤎	Ξ Ξ	Ξ	X
œil	𐤏	Ο Ο	Ο	O
face ou bouche	𐤐 𐤐	Π Π	Π	P
javelot de chasse	𐤑	Ϻ	—	—
nœud	𐤒 𐤒 𐤒	Ϙ Ϙ	Φ	Q
tête	𐤓	Ρ	Ρ	R
dent	𐤔 𐤔	Σ	Σ	S
marque du bétail	𐤕 𐤕 𐤕	Τ Τ	Τ	T

CARTHAGE EN IMAGES

Vous pourrez retrouver la riche cité punique et ses héros, tantôt glorieux, tantôt malheureux, dans quelques films disponibles en vidéocassettes (ou diffusés à la télévision).

• *Cabiria*, de Giovanni Pastrone (1912-1914). Considéré comme la première « superproduction » du cinéma, ce film est un « drame gréco-romain-punique », selon l'expression de son scénariste Gabriele d'Annunzio. Au cours de la seconde guerre punique, un noble patricien romain, aidé de son fidèle esclave noir, Maciste, arrache la jeune et belle Cabiria aux méchants prêtres carthaginois qui s'apprêtent à la livrer en pâture au monstre Moloch.

• *Scipion l'Africain*, de Carmine Gallone (1937), se présente comme une succession de tableaux destinés à exalter le courage et la gloire de Rome : terreur des Romains devant les succès d'Hannibal ; révolte de ses soldats dans son camp du Bruttium ; embarquement de Scipion pour l'Afrique ; histoire de Sophonisbe et de Massinissa ; rencontre Hannibal/Scipion ; bataille de Zama où les troupes d'élite carthaginoises montées sur les fameux éléphants sont mises en déroute ; annonce de la victoire de Scipion à Rome.

• *Guerre à Carthage*, de Sergio Grieco (1959), illustre à sa façon la révolte des mercenaires et les aventures de Salammbô et de Matho, chères à Flaubert.

• *Hannibal*, de Edgar G. Ulmer et Carlo Ludovico Bragaglia (1959). On y voit le fougueux général borgne marcher sur Rome (batailles de la Trébie et de Cannes), mais épargner la ville par amour, parce qu'il est tombé sous le charme de la nièce de Fabius Cunctator (« le Temporisateur ») !

• *Carthage en flammes*, de Carmine Gallone (1959), avec Pierre Brasseur et Daniel Gélin. Les légions de Scipion Émilien encerclent Carthage. Partisans de la résistance acharnée et adeptes de la collaboration avec Rome s'affrontent jusqu'à la destruction complète de la cité.

• *Le Siège de Syracuse*, de Pietro Francisci (1959). Le héros n'est autre que le savant Archimède qui défend courageusement (et astucieusement !) sa cité assiégée par les Romains pendant la deuxième guerre punique (212 avant J.-C.).

Quant aux romans et textes littéraires variés consacrés à Carthage, on en trouvera un très grand nombre dans *Carthage, le rêve en flammes*, Presses de la Cité, collection Omnibus, 1993.

VI

LES TEMPS DE LA GLOIRE

Hannibal a maintenant quitté l'Espagne dont il a confié la garde à son frère Hasdrubal. Tout favorise son grand projet : il a obtenu l'appui de Carthage et des messages nombreux sont venus lui exprimer la sympathie des chefs gaulois qu'il trouvera sur sa route.

L'armée punique a franchi les Pyrénées ; fière armée où les hoplites grecs voisinent fraternellement avec les fantassins espagnols et gaulois, les frondeurs baléares, les archers africains ; tous sont des soldats entraînés à la guerre et très attachés à leur chef. Autour d'eux caracolent les cavaliers numides de Maharbal et les éléphants de guerre ornés de plumes et de grelots d'argent s'avancent d'un pas pesant, conduits par leurs cornacs nubiens.

Dès qu'à Rome on apprend le départ d'Hannibal, le Sénat mobilise immédiatement et confie à un Scipion la charge de retenir l'armée punique, mais les Carthaginois progressent si rapidement que lorsque les Romains atteignent le Rhône*, leurs ennemis ont déjà traversé le fleuve et se dirigent vers les Alpes !

* Voir dans l'*Entracte*, p. XIV.

Ainsi donc, le danger se précise pour Rome : Hannibal n'a point pour dessein d'occuper la Gaule ou de châtier Marseille : il marche sur l'Italie.

« Mais il lui faudra franchir les Alpes, se dit Scipion, avec ses Africains peu habitués au rude climat montagnard, avec ses cavaliers, avec ses éléphants. Il n'y parviendra pas en cette saison, et si par hasard il réussissait, c'est une armée épuisée qui s'offrirait à nos coups. »

L'automne était venu précocement. Depuis quelques jours, le givre couvrait la campagne matinale et les soldats s'équipaient tristement dans l'aube crispée de froid. Quand ils arrivèrent au pied du col, la neige se mit à tomber en rafales dans un vent glacial qui faisait résonner sa corne sinistre à travers la montagne. Et la redoutable montée commença.

Ce n'était plus la marche régulière de l'armée en colonne, mais une épouvantable escalade par des sentiers verglacés côtoyant les abîmes. Il fallait s'aider des coudes et des genoux pour se retenir aux rochers aigus avec de pauvres mains sanglantes que le froid engourdissait.

La longue file sinueuse, qui se brisait par endroits, progressait avec une lenteur effrayante ; des guides disparaissaient, des indigènes à demi sauvages harcelaient les groupes isolés, faisant rouler d'énormes blocs de pierre qui écrasaient tout sur leur passage.

Les bêtes suivaient avec plus de peine encore : chevaux et mulets glissaient avec leur charge et parfois un lourd éléphant, poussant un barrissement désespéré, roulait au fond d'un précipice...

Lorsque le sommet du col fut atteint, Hannibal accorda deux jours de halte à son armée harassée. Des masses sombres, immobiles à jamais et bientôt ensevelies par la neige, jalonnaient la piste tout au long des pentes. Des traînards, des égarés rejoignaient, épuisés, le gros de la troupe. Là-bas, au loin, très loin, par-delà les rocs enneigés, s'étendait l'horizon bleu du pays des Taurins [1] ; mais il fallait redescendre le col...

Le sentier abrupt était des plus périlleux : la moindre chute, le moindre faux pas pouvaient être fatals. L'armée cheminait donc avec plus de lenteur encore qu'à la montée ; puis la route fut bloquée. Il fallut déblayer la neige, dégager les éboulis, creuser la pierre pour ouvrir un chemin dans le roc. Enfin, les bêtes, presque mortes de faim et de froid, redescendirent vers les pâturages libres et retrouvèrent la douceur de la plaine.

L'épreuve avait duré quinze jours. Hannibal avait laissé vingt mille hommes dans le linceul glacé des neiges, abandonné aux loups et aux rapaces plus de la moitié de ses chevaux, perdu la plupart de ses éléphants*. Pourtant, l'exploit qu'il avait réalisé tenait du prodige : l'armée épuisée le savait bien et lui gardait toute sa confiance, toute sa fidélité.

Aussi, lorsque Hannibal, désignant à ses soldats hâves et loqueteux la plaine verdoyante du Pô, leur promit l'Italie et tous les trésors de Rome, une immense acclamation monta des rangs, car plus d'un pensa alors qu'un jeune chef, comblé des dieux, accomplirait enfin le grand rêve d'Hamilcar.

Le consul Scipion** se trompait lorsqu'il s'attendait à trouver en face de lui une armée découragée et sans vigueur. Il le vit bien, lorsque près du Tessin

1. Le Piémont.
* Voir p. XVI dans l'*Entracte*.
** Publius Cornelius Scipio, consul en 218 av. J.-C., est le père du célèbre Scipion l'Africain (voir p. 90).

aux eaux grises, sa cavalerie se heurta aux Numides*. Il lui fallut battre en retraite, blessé lui-même, serré de près par les Carthaginois ; et le Romain comprit que la lutte serait dure.

Il appela donc en renfort les légions de Sicile commandées par son collègue Sempronius, qui remontèrent à marche forcée vers l'Italie du Nord. Mais Sempronius n'avait pas encore appris la prudence. Il rêvait d'une grande victoire et Hannibal profita de son humeur belliqueuse pour lui tendre un piège redoutable**.

Entre les deux armées qui campaient à quelques milles l'une de l'autre serpentait une petite rivière profondément encaissée, la Trébie, aux bords couverts de buissons touffus.

Une nuit, Hannibal place sur les rives un millier de fantassins et autant de cavaliers que l'épaisseur des branches dissimule complètement aux regards. Puis, au petit jour, il envoie ses Numides avec la mission d'attaquer les Romains et de les engager au combat. Mais Sempronius ne se méfiera-t-il pas ?

Pendant ce temps, les Carthaginois ont reçu de la nourriture à discrétion et de l'huile pour frotter et fortifier leurs muscles. Repus et massés, ils attendent près des grands feux car cette aube d'hiver est glaciale. Tout près, on entend gronder les flots jaunâtres de la Trébie que les dernières pluies ont gonflée.

Soudain, c'est le galop pressé des cavaliers numides qui reviennent. Et, en même temps, n'est-ce pas l'appel clair du buccin qui résonne au loin ?

Hannibal, qui a compris, regarde ses officiers avec un sourire de triomphe. En effet, voici un autre galop qui se rapproche et, derrière, un piétinement sourd :

* La bataille a lieu en novembre 218 av. J.-C.

** En décembre 218 av. J.-C.

ce sont les Romains ! Les légions de Sempronius s'avancent en bon ordre vers la défaite et la mort.

Les dieux venaient pourtant d'avertir solennellement le consul : tous les présages étaient défavorables, les entrailles des victimes, sinistres : il ne fallait rien tenter ce jour-là. Mais Sempronius était exaspéré par les Numides qui harcelaient son camp :

« Il faut en finir une bonne fois », dit-il.

Et c'est pourquoi la cavalerie, les légions, consul en tête, s'étaient lancées à la poursuite des hommes d'Hannibal. Les Romains encore à jeun dans cette aube glaciale de décembre avaient dû boucler en toute hâte leur cuirasse et partir au combat dans la neige et le vent. Ils avaient traversé à grand-peine la rivière en crue dont les eaux jaunes leur montaient presque aux épaules et maintenant, affamés, transis, ils se portaient à la rencontre de l'armée punique bien préparée à la bataille.

Le choc de cavalerie fut très rude, mais les Carthaginois avaient l'avantage du nombre. Bientôt, les escadrons romains furent mis en déroute et l'infanterie de Sempronius dut lutter seule contre les fantassins d'Hannibal appuyés des redoutables éléphants.

Mais quand les légions débordées, presque encerclées, voulurent battre en retraite, les Romains virent avec effroi les rives de la Trébie, derrière eux, se garnir d'ennemis. Des cavaliers, des hoplites, des archers bondissent avec de grands cris des buissons où ils étaient tapis. La trappe s'est refermée sur l'armée du consul.

Les légionnaires combattent avec le courage du désespoir. Quelques milliers d'entre eux, formés en carré, parviennent à faire une percée à travers les rangs carthaginois et se replient en bon ordre. Mais pour les autres, c'est bientôt la déroute : certains tentent de fuir à travers la campagne, d'autres se jettent dans la rivière dont les eaux écumantes roulent pêle-mêle les morts, les vivants qui luttent contre la violence du courant, les chevaux et les armes ; tandis que les derniers combattants romains, épuisés, sanglants, sont écrasés sur les berges par les cavaliers et les éléphants.

Enfin, le silence retombe sur les mornes rives avec la brume et la nuit. Le fol orgueil de Sempronius a coûté à Rome près de trente mille hommes, tués, blessés ou prisonniers.

« On m'a rapporté un jour un proverbe romain, déclara Hannibal. Il disait que Jupiter commence par rendre fous ceux qu'il veut perdre. Je crois bien qu'il avait raison... »

Les dieux de Rome abandonnaient-ils la cité ? Avaient-ils fait alliance avec Moloch, le feu dévorant, avec Baal et Tanit, avec tous les dieux de Carthage contre les fils de la louve ?

Une fois de plus, en effet, les suffrages de la plèbe, cette voix que l'on prétend divine, avaient confié le commandement à un chef infatué de lui-même, courageux mais non lucide, Flaminius. Et Jupiter, une fois encore, fit tomber le Romain dans les filets d'Hannibal, un jour, sur les bords du lac Trasimène...

Après la victoire de la Trébie, l'armée punique, descendant vers le Sud, avait franchi l'Apennin et traversait l'Étrurie. Devant elle, les habitants terrorisés entassaient leurs pauvres biens sur des chars à bœufs et fuyaient, abandonnant leurs villages bientôt incendiés par les impitoyables Carthaginois. La colonne de flamme et de fumée qui accompagnait sinistrement l'armée d'Hannibal se rapprochait, jour après jour, de la cité de Romulus.

« Les laisserons-nous arriver jusqu'à Rome ? s'indignait Flaminius. Supporterons-nous plus longtemps qu'ils dévastent nos campagnes, brûlent et massacrent tout sur leur passage ? »

Le consul prit donc la décision de se porter avec ses troupes à la rencontre d'Hannibal.

Après quelques jours de marche, il arriva au crépuscule sur les bords du lac Trasimène, par une route encaissée qui serpentait au pied de la montagne. Tout semblait calme dans un paysage solitaire, rassurant, et le consul fit rapidement dresser le camp pour la nuit.

Ce fut une aube brumeuse qui se leva péniblement le jour suivant*. Un brouillard épais couvrait le lac, se répandait sur la route, s'accrochait aux versants. Sur l'ordre du consul, l'armée se forma en colonne et s'engagea sans méfiance dans le sentier escarpé où l'on ne voyait pas à vingt pas.

Au-dessus de la nappe de brouillard, dans les fourrés qui couvraient la montagne, les soldats carthaginois s'équipaient pour le combat. Depuis la veille, en effet, à l'affût dans les buissons épais, ils attendaient l'armée romaine. Ils avaient passé la nuit au-dessus d'elle, silencieux et attentifs. Rien ne leur avait échappé des sonneries et des commandements. Hannibal, triomphant, venait enfin d'entendre les centurions faire dresser les enseignes et donner ainsi l'ordre du départ.

Les Romains, lourdement équipés, cheminaient avec lenteur par la route resserrée entre le lac et la montagne, cette route que fermait déjà — et ils n'allaient pas tarder à l'apprendre — la cavalerie de Maharbal.

Bientôt, on dévala les pentes au-dessus de leurs têtes et brusquement s'abattit une grêle de javelots.

* Le 21 juin 217 av. J.-C.

Que se passait-il donc ? D'où venaient ces ennemis ? Déconcertés, embarrassés par le chargement qu'ils portaient, les soldats de Flaminius virent fondre sur eux les fantassins libyens, gaulois, espagnols. Il leur fallut combattre sans avoir le temps de se déployer en ligne de bataille...

En ce jour de Trasimène, l'armée de Flaminius fut anéantie, et la mort héroïque du consul ne sauva que l'honneur. Le soleil éclatant qui avait fini par dissiper la brume éclaira le champ de bataille où gisaient quinze mille morts ; et les prisonniers capturés par les Carthaginois étaient presque aussi nombreux.

Le lendemain, Hannibal réunit les captifs tremblants, résignés au pire, et il les harangua en ces termes :

« Romains, vous pensez connaître les Carthaginois, leur félonie, leur cupidité, on vous en a assez parlé. Mais puisque Maharbal vous a promis la vie sauve pourvu que vous vous rendiez, il ne vous sera fait aucun mal. Voilà ce qu'est la déloyauté punique !

« Je pourrais toutefois exiger pour vous libérer d'énormes rançons, vous, les orgueilleux patriciens, vous, les chevaliers qui entassez l'or dans vos somptueuses demeures. Je n'en ferai rien. Vous repartirez tous chez vous, les riches comme les pauvres, avec un vêtement pour vous couvrir ; nous ne retiendrons que vos armes. Voilà ce qu'est la cupidité d'Hannibal !

« Et quant à vous, soldats alliés de Rome, qui combattez en vain pour une ville désormais condamnée, pour un empire qui s'écroule, ouvrez une bonne fois les yeux ! Voyez où est votre intérêt et qui peut le mieux vous défendre à l'avenir ! »

La générosité d'Hannibal fut d'abord sévèrement jugée par quelques-uns de ses officiers :

« Nous ne te comprenons guère, Barca, s'étonnait

Giscon. Hier, tu dévastais leurs villes et leurs villages. L'Étrurie par tes soins n'est plus qu'un champ de ruines et de cendres. Aujourd'hui, tu renvoies libres nos prisonniers, tu renonces aux droits du vainqueur alors que nos caisses sont vides et que nos mercenaires attendent leur solde. Que cherches-tu donc ?

— Mon but n'est-il pas assez clair ? répliqua Hannibal. Nous avons incendié les maisons, brûlé les récoltes des peuples italiens, pillé, massacré, c'est vrai... Rome a-t-elle défendu ses alliés ? Non, elle n'est pas intervenue en leur faveur parce qu'elle n'en avait plus la force. Sa protection désormais n'est qu'un leurre : beaucoup commencent à le comprendre.

« Et maintenant voici que les Carthaginois abhorrés, contre qui Rome les avait armés pour vaincre ou mourir, leur accordent généreusement la vie et la liberté ! N'estimeront-ils pas qu'il est de leur intérêt de se ranger aux côtés d'un vainqueur magnanime ?

« Ce que je veux, Giscon, c'est que cette ville orgueilleuse perde tout prestige, toute autorité en Italie ; qu'abandonnée de ses alliés, elle se retrouve solitaire et menacée au cœur d'un pays qui, comme l'Espagne, nous sera tout acquis. C'est par cette voie que doit passer la victoire de Carthage ! »

Et comme les officiers d'Hannibal l'acclamaient, il les fit taire d'un geste de la main :

« Ce n'est pas vrai, dit-il d'une voix brusquement voilée par l'émotion, non, ce n'est pas moi qui guide à travers l'Italie l'armée punique, c'est la grande ombre d'Hamilcar, mon père... »

VII

AINSI PARLA MAHARBAL...

1. UNE JEUNESSE HEUREUSE

Je suis né[1] à Sicca, ville forte de Numidie et sanctuaire de Tanit, dressant ses remparts et ses maisons blanches au-dessus d'une vaste plaine d'un gris fauve où les troupeaux de chèvres broutaient parmi les pierres.

Mon père, Abdalonim, ne vivait que pour la chasse et la guerre. Il commandait la garnison punique et livrait de dures batailles aux tribus pillardes qui sillonnaient la steppe et tenaient la montagne.

Aussi loin que remontent mes souvenirs, je revois mon père avec sa cuirasse de bronze et son casque à aigrette. Lorsqu'il me prenait dans ses bras, je frémissais de peur et de joie...

Jusqu'à l'âge de six ans, je fus élevé par ma mère et mes sœurs dans les appartements des femmes qui s'ouvraient sur une cour où, au milieu des fleurs, jaillissait un jet d'eau. Puis on me confia à un pédagogue qui m'enseigna l'alphabet, le calcul, l'art de lire l'avenir dans la course des astres.

Je n'aimais guère l'étude ni la férule du maître.

1. En 263 av. J.-C.

Mais j'étais émerveillé lorsqu'il me racontait l'histoire de notre peuple. Je partageai alors les malheurs de Didon, la reine infortunée, ou les angoisses ressenties sur des mers inconnues par Hannon, le navigateur aventureux...

J'étais encore un enfant lorsque mon père fut rappelé à Carthage. Un soir, je découvris la ville avec ravissement. Du haut de l'escalier monumental qui conduit au temple d'Eschmoun, j'aperçus une cité immense avec ses remparts hauts de trente coudées, ses rues régulières bordées de maisons de pierre, ses palais, ses portiques, ses temples dont les toits d'or brillaient d'un reflet pourpre aux feux du soleil couchant.

Là apparaissaient les deux ports en forme de coupe où les navires se pressaient au mouillage. Plus loin, la ceinture de jardins s'élargissait à l'infini et le lac de Tunis scintillait comme un rubis. Je n'avais jamais rien imaginé d'aussi beau et, en mon âme d'enfant, je ressentais une grande fierté d'être le fils d'une telle patrie...

J'avais huit ans lorsque Regulus débarqua en Afrique. Mes souvenirs, je l'avoue, sont assez flous : l'absence prolongée de mon père retenu au combat, l'inquiétude de ma mère, l'activité fébrile de la cité où affluaient les réfugiés, enfin la joie de la victoire et le long défilé des Romains prisonniers...

Je rêvais alors de prendre la mer. Chaque jour j'attendais le retour des pêcheurs, je les aidais à décharger le poisson et quelquefois ils acceptaient de m'emmener avec eux. Quelle joie pour moi lorsque notre barque, poussée par la brise de nuit, s'éloignait du rivage et que disparaissaient peu à peu les lumières de la ville !

Je passais mes journées au port parmi les marins que je reconnaissais au roulis des hanches, aux tatouages bizarres, à la peau tannée par les embruns. Ils me racontaient leurs périples et leurs tempêtes.

Surtout, lorsque la flotte de guerre revenait de Sicile et que les navires en bon ordre s'alignaient dans les loges du *Cothon*, je courais entre les proues des galères, je m'asseyais au banc des rameurs, saisissant de mes mains frêles l'énorme aviron, je grimpais dans les haubans. Il était écrit pourtant que je ne serais pas marin.

2. LE MÉTIER DES ARMES

Bientôt, je retrouvai la Numidie. De nombreuses cités, lors de l'expédition de Regulus, s'étaient révoltées contre Carthage. La République avait décidé de les châtier et confié à cette fin l'armée à un jeune général — il n'avait pas trente ans —, Hamilcar Barca. Mon père servait sous ses ordres et il m'avait emmené avec lui.

La campagne fut courte. Les cités rebelles se soumirent et durent payer mille talents d'argent ; les tribus nomades pourchassées à travers les collines livrèrent leurs troupeaux ; les chefs furent mis en croix. Je découvris là le terrible visage de la guerre, mais c'était à ce prix que la Numidie retrouva la paix.

Hamilcar m'avait pris en amitié et avait promis à mon père de faire de moi un vrai soldat. Il me confia d'abord à un cavalier numide qui m'apprit à monter sans selle ni mors, à guider de la main une bête fougueuse et, de retour au camp, à panser, à soigner, à comprendre l'animal pour s'en faire un ami.

Dès l'aube, mon maître m'emmenait avec quelques compagnons de mon âge parcourir au galop la steppe jusqu'aux confins du désert, gravir les pentes escarpées des monts de Numidie, forcer à la course la gazelle ou le lion. Quel bonheur lorsque après une longue chevauchée sous le soleil et dans le vent nous rentrions au camp, le cœur fier, le corps fourbu !

C'est de ce temps-là, voyez-vous, que date ma vocation de cavalier au service de Carthage et des Barca.

Par la suite, un Gaulois m'apprit à manier le glaive, un Grec à lancer le javelot, un Lydien à tirer à l'arc, un Baléare à faire tournoyer une fronde, un Nubien à jongler avec des poignards. Mais Hamilcar exigeait davantage...

Un soir, alors qu'épuisé je m'étais assoupi, le général pénétra dans ma tente. Il reconnut qu'il était content de moi. Aussi avait-il résolu de m'imposer une nouvelle épreuve. Il me présenta l'Indien Rama, le chef des éléphants, et il m'ordonna de le suivre.

En pleine nuit, j'arrivai au bord d'un étang couvert d'algues d'où émanait une odeur fétide. C'était le quartier des éléphants, entouré d'une palissade de pieux énormes. D'abord, je ne vis rien qu'une eau boueuse plongée dans l'ombre. Puis je distinguai des masses trapues qui, de temps à autre, remuaient pesamment en grognant, la trompe fouettant l'air, les défenses dressées vers le ciel. Rama me rassura :

« Tout va bien. Ils sont calmes, ce soir. Demain, je t'apprendrai à les connaître. »

Je restai auprès de Rama plusieurs mois. Il n'avait pas son pareil pour capturer les éléphants dans des fosses où ils s'enfonçaient sans se blesser. Il savait les dresser patiemment pour en faire des compagnons dociles dans la paix et des bêtes furieuses au combat. J'éprouvais au début une peur terrible lorsque le plus puissant d'entre eux me saisissait avec sa trompe et, d'un geste sûr, me plaçait sur son dos.

Mais je m'habituai vite à eux, bien qu'ils fussent tellement différents de mes chevaux. En fait, malgré leur force monstrueuse, leurs défenses acérées, les barrissements épouvantables qu'ils poussaient dans leur colère, c'étaient des animaux sensibles et fidèles. Grâce à Rama, je sus l'art de les guider dans le fracas des batailles.

Lorsqu'il jugea mon éducation achevée, Hamilcar me prit parmi les officiers de sa garde. J'allais rester à ses côtés pendant près de vingt ans jusqu'à sa mort...

3. L'INGRATITUDE DE CARTHAGE

Je ne saurais évidemment raconter tout ce que l'armée a fait grâce à ce chef infatigable, sage et hardi à la fois, adoré de ses hommes et redouté de ses ennemis. C'était un Barca sans doute, dur pour lui-même et pour les autres, incapable de faiblesse ou de flatterie.

À Carthage, le peuple l'aimait, mais non les Riches qui lui préféraient Hannon, un gros homme vaniteux et bavard qu'ils appelaient « le Grand » parce qu'il avait dispersé autour de Tebessa quelques voleurs de chèvres...

J'enrageais de voir qu'Hamilcar n'obtenait l'appui des Anciens qu'au moment où la situation leur paraissait désespérée. Alors, après l'avoir si longtemps méconnu ou combattu, ils le saluaient comme un sauveur.

Ainsi pour la guerre en Sicile. Lorsque le commandement lui fut confié, les Romains avaient conquis l'île presque entière et ils assiégeaient nos dernières positions, Drepane et Lilybée. Hamilcar fit établir notre camp sur les pentes du mont Éryx. De là, pendant cinq ans, nous avons repoussé tous les assauts des Romains.

Nous aurions gagné la guerre si, à Carthage, les Riches avaient accepté de nous envoyer des renforts. Mais Hannon préférait traiter avec Rome et nous avons dû déposer les armes comme des vaincus et abandonner la Sicile, ses champs fertiles, ses villes amies...

Alors, nos soldats revinrent en Afrique. Il y avait là des hommes de toutes les nations, des Ligures, des Celtes, des Grecs, des Libyens. Tous s'étaient bien battus et les légions romaines avaient tremblé devant eux.

Hamilcar leur avait promis qu'ils seraient payés de leurs peines. Lorsqu'ils débarquèrent à Carthage, on les accueillit comme des héros, mais on se débarrassa d'eux. On leur fit admettre avec force discours qu'ils devaient partir pour Sicca et, lorsqu'ils eurent quitté la ville, on s'empressa d'en fermer les portes. Peu après, quand ils réclamèrent leur dû, on leur répondit que la République n'avait pas d'argent pour payer leur solde.

Ils se révoltèrent[1] devant tant d'ingratitude et trouvèrent aisément des chefs, l'Africain Matho, le Grec Spendios, le Gaulois Autharite, le Numide Narhavas. Ils marchèrent sur Carthage. Hannon se fit fort de les disperser : son armée fut écrasée et il n'échappa qu'à grand-peine à la fureur des mercenaires.

Du port au marché, de Malqua à l'Acropole, le peuple murmurait :

« Hamilcar, lumière de Baal, Hamilcar seul peut nous sauver ! »

Fort heureusement à ce moment, Hamilcar reve-

1. Le roman de Gustave Flaubert, *Salammbô**, est inspiré par la révolte des mercenaires.

* À lire dans la collection Pocket « Lire et Voir les Classiques ».

nait de Sicile, accablé par la défaite, plein de rancune contre ceux qui l'y avaient contraint. Les Anciens le supplièrent de défendre la cité : il accepta à condition qu'il pût tirer des Sissytes trois cent mille pièces d'argent. Il eut tôt fait de lever une armée, de surprendre l'ennemi en rase campagne, de dégager les villes assiégées.

Il espérait alors, et il m'en fit confidence, que ses anciens soldats rentreraient dans le devoir. Il leur offrit le choix : le pardon ou la mort.

Mais il y avait parmi les mercenaires des forcenés qui ne rêvaient que de vengeance, de pillage et de sang. Ils massacrèrent les Carthaginois qu'ils détenaient prisonniers.

Hamilcar releva le défi. Pendant qu'il multipliait les attaques et les embuscades, il tenta de diviser ses ennemis. Il me chargea de gagner à notre cause le prince numide Narhavas que j'avais connu autrefois à Sicca. C'était un jeune homme impulsif qui s'était joint à la révolte par orgueil et par goût de l'aventure.

Je lui offris de l'argent, beaucoup d'argent, et surtout, comme j'y étais autorisé, la main de Salammbô, la fille d'Hamilcar, dont il admirait la beauté. Je réussis à le convaincre de devenir notre allié et de passer à nos côtés avec tous ses cavaliers.

On connaît la fin de l'affaire : les rebelles bloqués dans un cirque sans issue, mourant de faim et de soif ; leur sursaut sans espoir, les uns massacrés au « défilé de la Scie », ravin profond entre les dentelures des montagnes, les autres piétinés par les éléphants ou abattus par les javelots numides sur les rives du Macar ; enfin, les chefs suppliciés et le plus valeureux, Matho l'Africain, livré au peuple de Carthage qui déchira son corps en lambeaux.

Hamilcar revint en vainqueur dans une ville en

liesse. Les Anciens, et Hannon lui-même, lui firent bonne figure, mais ils dissimulaient mal leur dépit devant la popularité d'un Barca. Ils auraient pourtant dû se rassurer en regardant le visage d'Hamilcar, pâle, tendu, pénétré de tristesse.

Je sais que notre général, bien qu'il n'en eût fait confidence à personne, souffrait d'avoir dû, pour le bien de l'État, écraser ses anciens compagnons, ceux-là mêmes avec lesquels il avait ravagé les côtes de Sicile et les plaines du Bruttium. Le salut public l'exigeait, il avait obéi.

Mais maintenant, indifférent aux hymnes de victoire comme au parfum de l'encens, il avait hâte de quitter Carthage, les intrigues de ses nobles, les calculs de ses marchands, la foule passionnée et versatile, la grande cité trop riche alanguie sous le soleil d'Afrique...

4. AU VENT D'ESPAGNE

J'avais vingt-six ans[1] lorsque Hamilcar proposa au Conseil de conduire une armée en Espagne. À défaut de la Sicile perdue, c'était, disait-il, un pays immense, riche en hommes et en argent. C'était aussi une terre fabuleuse où les navigateurs puniques avaient fondé autrefois les actives cités du Tartessos qui, comme Gadès, étaient indispensables au commerce de la République. Les Anciens jugeaient l'aventure périlleuse, mais ils n'étaient pas mécontents d'éloigner un Barca. Ils acceptèrent tout en n'accordant que de faibles sommes pour la solde et l'équipement. Je ne commandai pour ma part que trois cents cavaliers.

1. En 237 av. J.-C.

Je suivis donc Hamilcar en Espagne. La tâche était rude. En dehors de Gadès et de quelques cités amies, tout le pays nous était hostile. Il y avait là des peuples farouches, attachés à leur indépendance, bons guerriers par surcroît, aussi habiles à manier le glaive qu'à lancer le javelot.

Il nous fallut neuf années de marches et de combats pour soumettre les Turdules, les Bastules, les Orisses, et nous fortifier sur la côte méditerranéenne au pays d'Alicante. C'est là que nous voulions fonder une ville puissante, « la nouvelle Carthage[1] », car nous n'avions pas l'intention de regagner l'Afrique.

Pourtant, Hannon et ses amis craignaient la puissance d'Hamilcar dont ils jalousaient les succès :

« Barca, disait l'un, veut se faire roi d'Espagne et arracher à la République une de ses plus riches provinces.

— Bientôt, ajoutait un autre, il lancera son armée sur Carthage pour prendre le pouvoir par la force. Alors, il sera sans pitié pour ceux qui, comme nous, ont eu le courage de dénoncer son orgueil. »

Le Sénat, qui savait bien ce que le commerce et le trésor public devaient aux conquêtes d'Hamilcar, hésitait à se prononcer contre lui. Alors, Hannon avança un autre argument :

« Barca, affirmait-il, n'a jamais accepté la paix avec Rome, qui, pourtant, nous a rendu la prospérité. Il fait construire une flotte en Alicante pour reconquérir la Sicile. Par sa faute, nous connaîtrons à nouveau la guerre. »

Notre général haussait les épaules lorsqu'on lui rapportait ces propos. Non, il ne voulait pas être roi,

1. Carthagène fut fondée peu après la mort d'Hamilcar par son gendre Hasdrubal le Beau.

lui, le chef du parti populaire, opposé à toutes les tyrannies. Non, il ne ferait pas de coup d'État à Carthage, lui qui avait tant à faire en Espagne pour le bien de la patrie. Quant aux Romains, oui, il les combattrait un jour parce qu'il fallait détruire Rome ou succomber, mais pas en Sicile, et pas avant que l'Espagne ne fût pacifiée jusqu'à l'Èbre...

Un soir, alors que nous faisions le siège d'Elche que les Ibères défendaient avec une âpreté farouche, le général m'appela auprès de lui. Je pensais qu'il avait enfin résolu de donner l'assaut et qu'il voulait me transmettre ses ordres. Je me trompais : il ne s'agissait pas d'Elche où nous rencontrions une résistance inattendue.

Hamilcar, détendu, oubliait pour un temps les difficultés du siège. Il avait à ses côtés ses trois fils que nous appelions familièrement les « lionceaux ». Les deux plus jeunes, Hasdrubal et Magon, étaient des enfants toujours prêts à rire et à jouer.

L'aîné, Hannibal, n'avait que dix ans et chacun au camp savait qu'il partageait la vie des soldats. Il était là devant moi, immobile, les yeux brillants, écoutant avec attention les paroles de son père.

Peut-être se souvenait-il qu'un jour, à Carthage, dans le palais des Barca, Hamilcar lui avait fait prêter, par tous les dieux de la cité, Baal de Phénicie, Eschmoun, Astarté, Moloch, un terrible serment, celui de haïr les Romains et de les combattre sans merci.

« Maharbal, mon ami, me confia le général, j'ignore ce que le destin me réserve : je peux être tué demain. Mais mon œuvre doit être poursuivie. Mon fils Hannibal est vaillant, il sait ce que j'attends de lui... »

L'enfant à ce moment serra bien fort la main de son père. Il y avait dans son regard une gravité et une passion tout à fait inhabituelles à cet âge. En cet instant, je sentis qu'il serait digne d'Hamilcar et qu'il le surpasserait peut-être.

« Maharbal, reprit Hamilcar, je veux te révéler mon plan. Hannibal n'est encore qu'un enfant, mais, s'il m'arrivait malheur, je sais qu'il pourra compter sur toi.

« Écoute-moi bien : pour frapper Rome, il n'y a qu'une voie possible, celle-là même qu'on juge impossible et qui, par terre, au long des côtes d'Espagne, de Gaule et d'Italie, conduit au cœur du Latium. »

Je ne pus dissimuler ma surprise : l'aventure me parut insensée. Conduire une grande armée à travers des pays inconnus, passer dans une Gaule guerrière et hostile, franchir les Alpes, car Marseille, alliée de Rome, barrait la route du Midi, enfin avec une troupe décimée, épuisée, affronter en Italie les légions romaines et les battre. Tout cela, en outre, sans un bien grand appui de Carthage, où gouvernaient Hannon et les ennemis des Barca !

Hamilcar, comprenant mon émoi, me rassura. Il avait pensé à tout. Il m'expliquerait bientôt le détail de son plan, mais en attendant il exigeait le secret le plus absolu.

Quelques jours plus tard, il était tué devant Elche et son corps emporté par les flots d'un torrent. J'eus autant de chagrin qu'à la mort de mon propre père.

Treize années s'écoulèrent avant que ne fût repris le projet d'Hamilcar. Son gendre, Hasdrubal le Beau, proclamé général par l'armée — Hannibal était trop jeune —, constitua une puissante armée : je commandai pour ma part près de huit mille cavaliers et nous avions deux cents éléphants, de magnifiques bêtes de guerre.

Nous eûmes tôt fait de venger la mort d'Hamilcar en écrasant tous nos ennemis. Le pays au sud de l'Èbre reconnut notre autorité, à l'exception d'une seule ville, Sagonte, alliée de Marseille et de Rome. À Carthage, où nous avions distribué aux nobles d'énormes sommes d'argent, personne, pas même Hannon, n'osait plus prendre la parole contre nous. Quant au peuple, il se réjouissait de nos victoires.

Aussi, lorsque Hasdrubal fut poignardé par un Gaulois, Hannibal fut salué comme chef par l'armée et Carthage ratifia ce choix. Il avait vingt-six ans.

« Mon seul but, déclara-t-il, est d'affermir la domination punique en Espagne. »

Peu après, comme pour montrer son attachement à ce pays, il épousa une princesse ibérique, la fille du roi de Castulon. Mais je savais, moi, qu'il avait repris le dessein de son père et il m'en fit confidence un soir d'hiver à Carthagène :

« Te rappelles-tu, Maharbal, le siège d'Elche et ce qu'alors mon père te révéla sur ses projets ?

— Je m'en souviens comme si c'était hier et, à vrai dire, je n'ai jamais cessé d'y penser.

— Maintenant, le moment est venu. J'ai ici les rapports des agents que j'ai envoyés tout le long du parcours à Empurias, Ensérune, Nîmes, et jusqu'aux montagnes des Allobroges et des Ligures. Les chefs gaulois sont prêts à nous laisser passer à travers leurs terres pourvu que nous en payions le prix. En Italie, des peuples entiers, les Taurins, les Insubres, les Boïens, révoltés contre Rome, nous accueilleront en libérateurs. Quant aux légions romaines, j'ai étudié leurs mouvements et je connais leurs faiblesses. Je saurai bien les vaincre.

— Donneras-tu bientôt le signal du départ ?

— Oui, répondit Hannibal, mais je n'emmènerai avec moi que des troupes aguerries. L'hiver est rude, tant mieux. Nous allons parcourir la sierra, franchir des rivières en crue avec nos chevaux, nos éléphants, nos bagages, habituer nos hommes, du noble de la légion sacrée au plus humble de nos archers, au froid, à la fatigue, à la faim. Alors, j'aurai une armée, et rien ni personne ne pourra lui barrer la route de l'Italie. »

Restait à régler le sort de Sagonte. L'affaire paraissait simple. Rome avait admis par traité la frontière de l'Èbre, la ville était au sud du fleuve, elle devait nous être livrée ; mais c'était compter sans la mauvaise foi romaine.

Quand Hannibal exigea la reddition de la ville, les Romains poussèrent la cité à résister. Il nous fallut huit mois de siège et de combats pour en venir à bout.

À notre entrée dans une cité désolée — la moitié de la population avait péri —, les derniers survivants se retirèrent sur l'Acropole. Puis ils y mirent le feu et se jetèrent dans le brasier en criant :

« Que Carthage périsse aussi dans les flammes ! »

Mais nous n'avions que faire de leur malédiction. Le moment était venu de la grande aventure.

5. LES ILLUSIONS PERDUES

L'épopée d'Hannibal, ce n'est pas à moi de la chanter. J'ai confiance, elle restera gravée à jamais dans la mémoire des hommes. Je n'évoquerai de notre longue route que quelques souvenirs : le passage de l'Èbre en crue, la marche sur les sentiers pierreux des garrigues, le parfum des amandiers en fleur au pied des Pyrénées, la traversée du Rhône impétueux alors que nous harcelaient les tribus gauloises, l'amitié du roi Magil qui nous fournit vivres et vêtements pour affronter la montagne.

Les Alpes ! Ce fut pour nous la grande épreuve ; l'armée gravissait lentement les pentes escarpées bordées de précipices, trompée par des guides malveillants, assaillie par des peuplades sauvages, étirée en une longue file dans la neige et dans le vent. De temps à autre, un cheval glissait sur le roc verglacé et, entraînant son cavalier, il roulait dans un ravin.

J'avais auprès de moi mes Numides, transis sous leurs burnous. Tous pensaient au soleil d'Afrique, à leurs oasis verdoyantes au cœur du désert. Mais aucun ne se plaignait.

Enfin, le sommet fut atteint, mais nous n'étions pas au bout de nos peines : le chemin étroit et abrupt, bloqué par une avalanche récente, était impraticable. Il fallut creuser une galerie dans la neige pour faire descendre nos chevaux épuisés et presque morts de faim. Quant aux éléphants, la plupart avaient péri.

En quinze jours, j'avais perdu la moitié de mes cavaliers — je n'en avais plus que six mille — mais nous étions en Italie, nous avions réalisé l'impossible !...

Le Tessin, la Trébie, Trasimène, autant de victoires qui nous rapprochaient de Rome. Mais Spolète nous arrêta. Il ne pouvait être question pour nous de prendre d'assaut les villes d'Ombrie et du Latium avec une armée à bout de souffle. En cinq mois, nous avions parcouru l'Espagne et la Gaule, franchi les Alpes, taillé en pièces les légions romaines. Il nous fallait souffler un peu, et Hannibal le comprit mieux que quiconque, lui qui partageait nos fatigues et nos combats.

Aussi, après avoir franchi l'Apennin, nous prîmes un peu de repos dans la riche Apulie. Hannibal redonna confiance à ses hommes, il les équipa à neuf avec des armes prises aux Romains, il recruta des volontaires par milliers dans les villes conquises.

Pour moi, je remontai la cavalerie qui en avait grand besoin. Je trouvai dans les prés du Picénum des bêtes magnifiques, pleines de fougue et pourtant dociles à la main, auxquelles nous pûmes donner une rare vigueur en les frottant avec du vin vieux. Mes Numides avaient retrouvé leur joie de combattre et je devais maintenant calmer leur impatience.

Pour achever l'encerclement de Rome, il nous fallait dès lors occuper la Campagnie et ses puissantes cités, Capoue, Naples, Cumes.

C'est alors que nous eûmes en face de nous un adversaire redoutable, Fabius*. À Rome, on lui reprochait sa prudence, son refus obstiné de livrer bataille et certains, en plein Forum, accusaient ouvertement de lâcheté ce chef qui ne savait que gagner du temps à défaut de bataille.

Mais avec ses légions, parcourant le pays, il nous rendait la vie impossible. Il brûlait les villes où nous devions passer et où nous espérions trouver vivres et fourrage. Il occupait d'étroits défilés au cœur des collines, et il nous barrait la route, comme ce jour où il nous fallut lancer contre ses légions, afin de les disperser, des troupeaux aux cornes desquels nous avions attaché des fagots enflammés.

Surtout, alors que nous marchions pour le rejoindre, il se trouvait derrière nous, menaçant nos détachements, prêt à fondre sur nos charrois de vivres, puis, après les avoir brûlés, à disparaître dans les montagnes, dans les marais, dans les bois.

Hannibal, comptant jour après jour nos pertes, était furieux. Comment vaincre les Romains si désormais ils se dérobaient au combat ?

« J'avais pensé à tout, disait-il, mais non à ce qu'un chef romain rôde autour de nous comme un chacal du désert ! »

* Il fut surnommé *Cunctator* en latin, c'est-à-dire « le Temporisateur », en raison de sa tactique « attentiste ».

Mais cela ne dura pas. Le peuple, qui était las de Fabius, porta au consulat Varron et Paul Émile ; Varron, fort de l'appui de la plèbe, brûlait de s'illustrer contre nous dans une grande bataille.

C'est dans la large plaine de Cannes, près du flot clair de l'Adriatique, sur les bords humides de l'Aufide, un petit fleuve aux eaux rares glissant entre les joncs, que les Romains dressèrent leur camp.

Au lever du jour [1], Varron fit passer le gros de ses troupes sur la rive droite du fleuve où se trouvait notre armée. Hannibal, que j'accompagnais avec ses principaux officiers, surveillait du haut d'une butte boisée les mouvements de l'ennemi. Il avait peine à dissimuler sa joie, car, nous le savions bien, notre cavalerie en rase campagne avait à coup sûr partie gagnée.

« Que penses-tu de cette bataille, Magon ? fit Hannibal en interrogeant son jeune frère.

— Cela me paraît clair : les légions sont au centre, en masse compacte pour enfoncer nos lignes, les cavaliers aux deux ailes tenteront de nous envelopper.

— Très bien ! poursuivit Hannibal, nous ferons de toi un bon général. Et toi, Giscon, comment vois-tu l'affaire ?

— Mal, répondit Giscon qui, par nature, voyait toujours le pire. Nos fantassins espagnols, gaulois, africains sont très inférieurs en nombre, ils ne supporteront pas le choc. Si j'étais Hannibal...

— Mais tu es Giscon ! reprit Barca sans méchanceté. Rassure-toi, je serai à tes côtés. Et n'oublie pas que, depuis Trasimène, nos hommes ont des glaives romains, ils sauront en faire bon usage.

— Et toi, Imilcès, qu'as-tu vu ? reprit Hannibal.

— Le soleil. Oui, le front romain regarde vers le

1. Le 2 août 216 av. J.-C.

Midi : ils l'auront en face. Et aussi le vent, qui commence à balayer la plaine poudreuse et qui les aveuglera.

— À la bonne heure ! Et toi, Maharbal ? »

Le moment était venu pour moi de répondre à mon chef. Il m'interrogeait toujours le dernier et l'y voyais une marque de confiance :

« Les cavaliers romains, à leur aile droite, n'ont pas assez d'espace entre les légions et le fleuve. Je ne vois pas comment celui qui les commande — j'appris plus tard que c'était Paul Émile — pourra les faire manœuvrer. Hasdrubal les écrasera sans peine.

« Quant à ceux de l'aile gauche — c'étaient ceux de Varron —, je m'en charge. Mais au centre, et je ne te l'apprends pas, ce sera dur.

— Oui, ils avanceront, reprit Hannibal, tels des aigles fougueux, il faut qu'ils avancent. Mais nous tiendrons bon, et quand toi, Hasdrubal, et toi, Maharbal, vous vous rabattrez sur eux, ils seront pris au piège et ils se débattront en vain comme des oiseaux blessés. Que chacun maintenant regagne son poste ! »

Tout se passa comme il l'avait prévu. Paul Émile tué, Varron en fuite, les légions romaines anéanties. Mes Numides, je puis le dire, achevèrent la déroute en massacrant les survivants qui, pâles, épuisés, fous de peur couraient le long de l'Aufide en trébuchant sur les pierres, en croyant trouver un abri dans les roseaux ou les buissons...

C'était la victoire tant attendue. Tout semblait possible. Alors que s'allumaient les feux de camp et que nos hommes festoyaient, alors que tous les chefs demandaient qu'un repos bien mérité fût accordé aux hommes, je me permis d'être d'un avis contraire :

« Non, n'attendons pas, dis-je, marchons sur Rome.

Profite de leur défaite, Hannibal, de leur panique, et, dans cinq jours, je te le prédis, tu souperas au Capitole.

— Sans doute, Maharbal, me répondit le fils d'Hamilcar. Je connais ton zèle et ta fougue. Mais prendre Rome n'est point si facile, et un échec serait lourd de conséquences. Un chef ne doit point seulement combattre, mais aussi réfléchir... »

Je ne pus dissimuler un mouvement d'irritation. Pourtant, j'aimais Hannibal plus qu'aucun être au monde et j'aurais traversé le feu de Moloch pour le servir. Je fixai mon regard dans le sien avec fermeté, avec passion :

« On a bien raison de dire que les dieux n'accordent jamais tout au même homme. Toi, Hannibal, tu sais vaincre, mais profiter de la victoire, non, tu ne sais pas ! »

Je suis maintenant un vieil homme. J'ai ressenti comme tous mes concitoyens la défaite de Zama. Hannibal, mal aidé, mal aimé dans une cité qui lui doit tant, a dû subir les exigences de Scipion et l'humiliation qu'ils appellent *la paix romaine*.

A-t-il songé au soir de Cannes et à l'occasion perdue ? A-t-il pensé à nous qui l'avions suivi et qui, après tant d'épreuves et de combats, aurions sans nul doute escaladé les murailles de Rome et châtié l'orgueil romain.

Maintenant, il faudra jour après jour accepter la loi du vainqueur et le moment viendra où il décidera la ruine de notre cité, car il n'a pas encore acquis assez de gloire pour se montrer généreux.

Mais le Sénat et le peuple romains n'oublieront jamais qu'un temps fut où, doutant de leurs dieux, ils ont tremblé devant l'ombre d'Hannibal.

VIII

LES PORTES DE LA NUIT

Après Cannes, le destin s'était détourné du fils d'Hamilcar...

Tandis qu'au Sénat de Carthage on continuait de se quereller, les Romains faisaient l'union sacrée : leurs dieux, pour les sauver, suscitaient un jeune homme paré de tous les prestiges de la naissance et de l'intelligence, et lui accordaient le don suprême, celui du bonheur au combat : Publius Cornelius Scipion, qu'une foule en délire acclamerait plus tard, au jour triomphal, du nom d'« Africain* ».

Et le jeune Scipion se couvrait de gloire en Espagne ; l'une après l'autre, les places fortes échappaient à la domination punique.

Pourtant, les Barca n'avaient pas renoncé au grand rêve d'Hamilcar : Hasdrubal, un des frères d'Hannibal, qui disposait d'une armée en Espagne, avait franchi les Pyrénées puis les Alpes et menaçait l'Italie du Nord[1].

Pendant ce temps, il envoyait à son frère courrier sur courrier pour lui donner rendez-vous en Ombrie où les deux armées feraient leur jonction.

1. En 207 av. J.-C.

* Voir « Pour en savoir plus » dans l'*Entracte*, p. XXIV.

Mais tous les messages expédiés à Hannibal furent interceptés, et ce sont deux armées romaines qui rejoignirent Hasdrubal pour l'anéantir sur les bords du Métaure...

Quelques jours après, un étrange paquet rond était lancé par des cavaliers au galop près des avant-postes d'Hannibal. On le lui porta, et le Carthaginois frémit d'horreur devant son contenu : la tête ensanglantée d'Hasdrubal !

C'est ainsi qu'Hannibal apprit que son frère avait réalisé comme lui l'exploit de traverser les Alpes avec son armée et que, sans la malveillance du hasard, tout aurait pu être gagné !

« Je reconnais bien là, dit-il amèrement, la fortune de Carthage ! »

Fort de ses succès en Espagne, et plein de l'audace de sa jeunesse, Scipion mit sur pied une armée et prépara un débarquement en Afrique.

Au cours de l'été [1], une superbe flotte de quatre cents navires de transport escortés par quarante galères prenait la mer, emmenant plus de trente-cinq mille hommes, fantassins et cavaliers. Peu de jours après, les aigles se dressaient sur la terre d'Afrique et la renommée apportait le bruit des premières victoires romaines.

La nouvelle se répandit très vite. À Carthage, ce fut l'affolement comme au temps de Regulus. De partout, des fuyards arrivaient en bandes pitoyables pour se mettre à l'abri des remparts ; les vivres allaient manquer ; l'ennemi était aux portes : on décida de rappeler Hannibal.

Lorsque les légats venus de Carthage se présentèrent devant lui, il les écouta silencieux, le visage

1. En 204 av. J.-C.

fermé. Longtemps ils parlèrent, disant la population en désarroi, l'indécision du Sénat, le péril imminent et mortel : Hannibal était le dernier espoir de la cité...

« Votre sauveur en un mot ! ricanait alors, non sans amertume, le fils d'Hamilcar. Vous qui avez toujours lésiné sur les renforts que vous m'envoyiez, sur l'argent pour la solde de mes hommes, vous à qui j'aurais pu conquérir un empire et qui ne me l'avez pas permis, maintenant que vous avez peur, vous me réclamez avec mes vétérans qui se sont épuisés pour vous à d'inutiles victoires ; vous remettez entre nos mains le sort de la patrie ; les dieux veuillent qu'il ne soit pas trop tard ! »

Le cœur plein de colère et de douleur, il fit passer en Afrique l'élite de son armée. Mais lorsqu'il vit s'éloigner à l'horizon cette terre italienne qu'il avait, dans les années glorieuses, rêvé d'offrir à Carthage et qu'il devait abandonner maintenant comme un vaincu, Hannibal eut bien de la peine à retenir ses larmes. Autour de lui, ses familiers baissaient la tête, muets et consternés.

La trirème glissait à toutes rames vers l'Afrique. Bientôt apparaîtrait la côte qu'Hannibal avait regardée fuir trente-quatre ans auparavant, sa petite main dans celle de son père et le cœur vibrant d'un espoir sans limites...

Hannibal avait dit vrai : il était désormais trop tard. Les Romains fortifiaient leur position en Afrique, les alliés de Carthage la quittaient pour se tourner vers le vainqueur et, lorsque au jour de la bataille suprême les deux armées s'affrontèrent dans la plaine de Zama [1], les Carthaginois furent écrasés et durent implorer la paix.

1. Le 19 octobre 202 av. J.-C.

Les conditions imposées par Rome étaient rigoureuses et pourtant Hannibal lui-même conseilla de les accepter puisqu'il n'y avait aucun moyen de poursuivre la guerre pour Carthage anéantie.

Mais c'est un rôle ingrat que de faire entendre la voix de la sagesse ! Six ans plus tard, les adversaires d'Hannibal le firent décréter ennemi public et l'obligèrent à fuir : sa demeure même fut rasée, il ne finirait pas ses jours dans cette patrie pour laquelle il avait tant œuvré et tant souffert !

Il demanda l'hospitalité au roi Antiochus de Syrie qui était en guerre contre les Romains et qui fut heureux de s'attacher comme conseiller militaire le vainqueur de Trasimène et de Cannes.

Grâce à ce protecteur, le fils d'Hamilcar allait-il pouvoir reprendre sa lutte contre ses ennemis de toujours et venger l'humiliation de Carthage ? Il put l'espérer un instant, mais Antiochus, autoritaire et imprudent, ne tint pas toujours compte de ses avis. Et le destin contraire ne poursuivait-il pas encore celui qu'il avait tant accablé ? Hannibal partagea la défaite d'Antiochus : une fois de plus, Rome l'emportait sur lui !

Il reprit donc sa vie errante et trouva bientôt asile auprès du roi Prusias de Bithynie. Mais celui-ci, homme fort timoré, veillait surtout à ne pas indisposer Rome qu'il redoutait.

Aussi, lorsque les envoyés de Flaminius vinrent lui demander de livrer Hannibal dont ils avaient découvert la retraite, le roi fut très ennuyé.

Il déclara d'abord bien haut :

« On ne viole pas ainsi les lois sacrées de l'hospitalité ! Livrer celui qui est venu se réfugier près de moi ? Quelle honte ! Je ne souffrirai pas que ma mémoire soit souillée d'un tel crime !

— Comme il te plaira, ô roi, répondirent les légats

d'un ton froid. Mais tu sais que Rome n'oublie jamais ni ses amis ni ses ennemis. À toi de choisir ton camp ! »

Quel embarras ! Prusias se disait qu'une vertu trop intransigeante risquait fort de le brouiller définitivement avec la République romaine. Il hésita longtemps, puis il crut avoir trouvé enfin une solution qui satisfaisait à la fois sa conscience et ses intérêts.

Non ! Il ne livrerait pas Hannibal. L'hôte est sacré... Mais si les Romains venaient eux-mêmes, à son insu ou presque malgré lui, s'emparer de l'exilé, qu'y pouvait-il, lui, le pauvre roi Prusias ?

Il fournit donc aux Romains toutes les indications concernant la maison de Libyssa où se cachait Hannibal.

Puis, comme un vague remords le tourmentait encore quelque peu, il décida qu'il avait agi en toute cette affaire dans l'intérêt de son pays et qu'il est beau pour un souverain de sacrifier ses propres sentiments à la raison d'État...

Un serviteur, prévenu par une indiscrétion du palais, vint avertir Hannibal :

« Maître, il faut partir, tu es trahi ! Les Romains arrivent pour te prendre !

— Je m'y attendais », répondit simplement le vieillard [1].

Dans la maison qu'il habitait, Hannibal, méfiant, avait fait pratiquer sept portes secrètes afin de pouvoir s'échapper en cas d'alerte.

Mais les Romains avaient été bien renseignés. Le serviteur chargé de faire le tour de la demeure rapporta que toutes les issues étaient gardées : désormais, Hannibal ne pouvait plus fuir.

1. En 183 av. J.-C., Hannibal a soixante-cinq ans.

Alors, il tira d'un coffret de cèdre un petit flacon ciselé dont il versa le contenu dans une coupe d'argent.

« À l'hospitalité ! » dit-il d'une voix ferme avant de vider d'un trait le liquide noirâtre.

Puis il chancela aussitôt tandis que la coupe échappait de sa main et roulait en tintant sur les dalles. Bouleversés, les serviteurs s'empressèrent autour de leur maître qu'une pâleur mortelle gagnait déjà et le portèrent en gémissant sur un lit de repos. Mais le poison libérateur avait fait son œuvre : les portes de la nuit s'étaient ouvertes pour le fils d'Hamilcar.

IX

LE DESTIN DE SOPHONISBE

1. LA FILLE D'ASDRUBAL

C'était jour de fête à Carthage[1]. Après une longue période d'angoisse, la cité clamait sa joie. La foule se pressait autour du Forum et dans les ruelles de Malqua, le quartier populaire plein d'odeurs et de bruit. Les artisans avaient quitté leur atelier, les marchands leur comptoir, les marins leur navire.

Toutes les classes étaient mêlées, les riches en robe brodée, les travailleurs de la ville et du port, les paysans de la campagne voisine, les esclaves libérés pour un jour de leurs chaînes.

Il y avait des hommes de toutes les nations, des Libyens en manteau blanc, des Grecs en tunique courte, des Ligures en sayon de cuir, des Asiatiques couverts d'étoffes multicolores, des Nègres à demi nus, et jusqu'aux Hommes bleus du désert, dont un voile recouvrait le visage, ne laissant à découvert que la flamme de leur regard.

Le Grand Conseil avait décidé d'offrir au peuple,

1. En 206 av. J.-C.

aux frais de la République, des repas et des jeux. Il s'agissait de fêter dignement l'alliance avec les Numides dont on espérait, après tant d'épreuves, la grandeur de Carthage.

Les Numides étaient là. La foule les repérait aisément à leur petite taille, à leur peau basanée, au large manteau noir qu'ils portaient noué à la tempe par un lacet de cuir. Ils avaient des colliers de corail, des pendants d'oreilles en bois d'ébène, des ceintures faites en peau d'hyène ou de chacal. On les entourait gaiement, on leur offrait à boire, on les accablait d'amitié.

Nul ne pouvait oublier qu'ils avaient été depuis longtemps des voisins turbulents. Ils apparaissaient brusquement aux frontières, dévastant les riches campagnes, arrachant les vignes et les oliviers, pillant les cités enlevées par surprise, semant la mort, puis repartant aussitôt au grand galop vers de hauts plateaux inaccessibles.

Ils venaient enfin de signer une alliance en bonne et due forme avec Carthage, et celle-ci était d'autant plus précieuse que Rome, après ses victoires en Italie et en Espagne, envisageait de porter la guerre en Afrique.

Le Suffète Asdrubal, fils de Giscon, avait résolu de consacrer l'entente avec les Numides en donnant sa fille Sophonisbe en mariage à l'un de leurs chefs. Celle-ci avait accepté en pensant à Salammbô, la fille d'Hamilcar, qui n'avait pas hésité à se sacrifier pour reprendre aux mercenaires le voile de Tanit et sauver ainsi sa patrie.

Les Numides, impassibles, formant de petits groupes bien serrés dans la foule, ne répondaient pas aux démonstrations chaleureuses qu'on leur prodiguait : ils savouraient le spectacle chatoyant de cette ville immense dont ils supputaient les richesses...

2. LA FIANCÉE DE MASSINISSA

L'animation était grande aussi, loin des rumeurs populaires dans le faubourg de Megara où les villas des riches formaient des taches blanches dans la verdure des pins.

Le palais d'Asdrubal dominait la colline. Il dressait sur un socle de pierre ses colonnes de granit portant des poutres d'ébène et un toit plat garni de plaques de cuivre qui brillaient au soleil. Au fronton apparaissait une main peinte en bleu : c'était la main sacrée de Baal, protecteur de la cité.

Asdrubal se tenait sur une vaste terrasse agrémentée de fleurs et de bassins d'eau claire en avant du palais. Il accueillit ses hôtes qui arrivaient par le parc, lourd de senteurs distillées par le soleil d'été, en suivant une allée de gravier blanc ombragée de cyprès.

« Soyez les bienvenus, rois de Numidie, et que notre alliance dure à jamais », fit le Suffète en invitant les deux chefs, Gaïa et Syphax, et le prince Massinissa, fils de Gaïa, à entrer dans le palais.

Les convives prirent place dans la grande salle sur des lits tendus d'étoffes multicolores. Le festin commença. On avait choisi les mets les plus raffinés : des lottes farcies, des antilopes rôties, des gigots de buffles cuits dans une sauce au safran, des fruits confits dans du sucre roux. Puis les esclaves apportèrent les vins les plus rares, de Campanie, de Sicile et de Crète, les liqueurs de dattes, de figues et de lotus.

Bientôt apparurent des musiciens, des jongleurs, des dompteurs de bêtes fauves, et aussi des danseuses qui faisaient onduler leurs voiles bleus ou pourpres et tournoyer leurs bras où s'enroulaient des serpents.

Pour les Numides accoutumés à la vie sous la tente avec les guerriers de la steppe ou les caravaniers du désert, le luxe de Carthage était un éblouissement. Ils songeaient au prix élevé dont ils feraient payer leur alliance.

C'est alors qu'apparut Sophonisbe, la fille d'Asdrubal. Elle portait une longue tunique de soie blanche et sur les épaules un grand manteau bleu de nuit où les pierreries scintillaient comme des étoiles. Sa chevelure poudrée d'or formait des torsades tressées de perles et attachées à ses tempes à l'image des statues de Tanit. Elle marchait à pas lents, redressant la tête, le visage très pâle, le regard brillant à la clarté des flambeaux.

Le silence s'était fait dans la salle du festin. Les convives admiraient la jeune fille qui s'approchait de la table d'honneur et s'inclinait pour saluer son père et ses hôtes.

« Mon enfant, lui dit Asdrubal d'une voix remplie d'émotion, le moment est venu pour toi de prendre un époux. Les chefs numides sont des guerriers valeureux et Carthage t'a choisie pour unir ta destinée au plus puissant d'entre eux. »

En disant ces mots, le Suffète se tourna vers Syphax, le roi de Cirta, l'ancien allié des Romains, dont Asdrubal avait patiemment gagné l'alliance.

Syphax était grand, mince, avec la noblesse naturelle des guerriers d'Afrique. Auprès de lui se trouvaient ses fidèles, les rudes chefs qu'il avait rangés sous sa loi, Bucar, Agasis, Narhavas, fauves du désert pliant devant le seigneur lion.

Sophonisbe, l'air lointain et sans prononcer une parole, offrit une coupe à Syphax comme son père le lui avait prescrit, sans paraître voir les regards admiratifs qui la suivaient. Et comme elle regagnait ses appartements, elle aperçut le prince Massinissa.

Il s'était retiré à l'écart avec l'un de ses compagnons, car le luxe de ce festin interminable lassait sa patience. C'était un guerrier et la splendeur de Carthage l'ennuyait. En foulant les dalles de marbre, à l'ombre de ces colonnes peintes d'éclatantes couleurs, il rêvait au galop d'un cheval sans mors à travers les sables labourés par le vent ou à la fureur du combat, glaive contre glaive, avec les légionnaires de Scipion.

Massinissa regardait Sophonisbe dont le sourire semblait l'interroger. Il se hasarda à lui parler malgré la réprobation des suivantes de la princesse. Mais celle-ci ne le découragea pas. L'entretien se prolongea, chacun dissimulant derrière un badinage amusé les sentiments qu'il éprouvait. On promit de se revoir puisque les Numides devaient être pour quelque temps les hôtes de Carthage.

Et pendant ce temps, le festin se poursuivait. Déjà, pour de nombreux convives, le fumet des viandes se trouvait mêlé aux vapeurs de l'ivresse...

3. L'ÉPOUSE DE SYPHAX

Un an à peine s'était écoulé depuis que Massinissa et Sophonisbe avaient juré d'unir leurs destinées. Cela s'était passé un soir, dans le parc du palais gagné par les ténèbres et exhalant l'odeur des pins et des buissons épineux...

Le jeune prince numide s'était réfugié avec quelques guerriers fidèles dans un petit village d'Espagne. L'armée punique avait été taillée en pièces à Ilipa, les survivants s'étaient enfuis dans les montagnes, les Romains les poursuivaient. Un messager pourtant, envoyé par Asdrubal, réussit au prix de mille difficultés à rejoindre les débris de l'armée.

« Carthage, dit-il, n'enverra pas de renforts en Espagne, car elle redoute une attaque des Romains en Afrique. »

Puis, se tournant vers Massinissa :

« Je dois te dire, et il m'en coûte beaucoup, que ton père Gaïa est mort, que les principaux chefs de ton royaume se sont ralliés à ton rival. En outre, Asdrubal, comme il l'avait décidé, a donné en mariage à Syphax sa fille Sophonisbe. Les noces ont été célébrées à Cirta. »

La peine du jeune homme fut immense. Ainsi, alors qu'il combattait pour Carthage loin de sa patrie, tous le trahissaient. Même Sophonisbe qui lui avait engagé sa foi !

Massinissa était d'une race qui n'accepte pas le déshonneur. Il se rendit au camp de Scipion et offrit ses services aux Romains.

« Je connais ta bravoure, fit le proconsul, et puisque Syphax s'est déclaré contre nous, je t'offre l'alliance du peuple romain. Mais il t'appartient de reconquérir ton royaume. Dès demain, un de nos navires t'emmènera, toi et tes compagnons, vers la côte africaine. »

... Les jours ont passé. Massinissa, avec une petite troupe de cavaliers, parcourt la steppe aride. Or, la nuit tombant, il dresse son camp auprès d'un point d'eau.

Soudain, à la faveur des ténèbres, des ombres se glissent furtivement vers le camp. Ce sont les hommes de Syphax qui se jettent sur les compagnons de Massinissa, surpris dans leur sommeil. Ils en massacrent le plus grand nombre. Massinissa réussit pourtant à s'enfuir.

Il chevauche longtemps à travers les plateaux pierreux, franchissant les vallées sèches des torrents et les lagunes saumâtres. Il se retire enfin sur le mont Bellus aux flancs escarpés avec une poignée de fidèles.

Syphax avait ressenti un violent dépit en apprenant que le fugitif avait réussi à échapper à ses poursuivants. Il donna l'ordre à Bucar, le meilleur de ses officiers, de fouiller tout le pays et de lui ramener Massinissa mort ou vif.

Bucar, après avoir longtemps erré, apprit par un berger qu'on avait vu une petite troupe se diriger au galop vers le mont Bellus. Il fit aussitôt cerner la montagne de toutes parts.

« Cette fois, dit-il, il ne nous échappera pas. »

Et la chasse commença. Tenant en laisse des molosses flairant la moindre trace, les hommes de Bucar gravirent les pentes escarpées. Massinissa et les siens, attentifs au moindre bruit, se déplaçaient à l'approche de leurs poursuivants, se dérobant à l'abri des rochers et des broussailles.

Bientôt, le cercle se resserra. Massinissa aperçut ses ennemis qui, de tous côtés, le guettaient, semblables à des léopards à l'affût.

« La nuit prochaine, fit-il à ses compagnons, nous tenterons de passer. C'est notre seule chance. Plutôt périr que de nous laisser prendre ! »

Comme le soir tombait, un violent orage éclata. Des rafales de vent et de pluie s'abattirent sur le mont Bellus sillonné d'éclairs. Bucar et ses Numides y virent la colère des dieux. Il y eut un moment de panique. Massinissa en profita. Surgissant d'un buisson, il se précipita, le glaive en avant, sur ses ennemis surpris et il dévala les pentes rendues glissantes par la pluie.

Mais Bucar le poursuivit et, lançant sa javeline, il l'atteignit à l'épaule. Sous la violence du choc, Massinissa s'écroula.

« Il est à nous ! » cria Bucar en appelant ses hommes.

L'orage gronda alors de plus belle. Un grand pin s'abattit frappé par la foudre, Massinissa, dominant sa souffrance, avait arraché le javelot de son épaule et repris la fuite. Arrivé près du fleuve, il n'hésita pas et se précipita dans les eaux bouillonnantes. Sa tête apparut un temps au milieu des tourbillons puis on ne vit plus rien.

Bucar, pendant plusieurs jours, longea les berges, faisant sonder le moindre buisson et les touffes de roseaux. Mais il n'y avait personne. Les flots avaient dû entraîner le corps de Massinissa. Bucar se hâta de porter la nouvelle à Cirta.

Syphax exprima sa joie. Mais Sophonisbe ne put dissimuler sa tristesse. Bien qu'elle sût que Massinissa s'était rallié aux Romains, elle pleura le jeune prince qu'elle n'avait pu oublier...

4. L'ENNEMIE DE ROME

Massinissa avait échappé aux flots du torrent. Il se réfugia d'abord dans une grotte où il soigna sa blessure avec des herbes dont il connaissait les vertus. Puis il gagna le pays des Garamantes, au long des côtes désertiques de la petite Syrte, où il vécut parmi les bergers. Qui aurait pu reconnaître un prince dans ce jeune homme vêtu de peaux de bêtes, poussant son maigre troupeau à travers la steppe aux buissons épineux ?

C'est là que Massinissa apprit que Scipion avait débarqué avec son armée au promontoire d'Apollon. Il se hâta de le rejoindre et, traversant son royaume, il vit venir à lui de nombreux guerriers numides qui s'étaient révoltés contre Syphax.

Massinissa conseilla à Scipion d'assiéger Utique, la cité rivale de Carthage où les Romains, affirmait-il, seraient accueillis en libérateurs. Mais Utique tint bon. Asdrubal, sur les conseils de Sophonisbe, y avait envoyé une puissante garnison. En outre, Syphax, après avoir rassemblé tous ses guerriers, se préparait à attaquer les Romains.

À Massinissa qui le pressait de donner l'assaut contre Utique, Scipion répliqua :

« La ruse est une arme de guerre tout autant que la force. »

Le chef romain envoya un messager porter une lettre à Syphax :

« Tu as été longtemps l'allié du peuple romain, écrivait Scipion. Range-toi à nos côtés et je te traiterai en ami. »

Syphax reprochait alors vivement à Carthage de ne pas lui avoir donné l'argent promis par Asdrubal. Il ne tenait pas à hasarder son royaume en affrontant les légions. Il décida de rentrer dans l'alliance romaine.

Mais Sophonisbe veillait :

« Mon roi aurait-il peur ? Si tu abandonnes Carthage, je ne resterai pas ton épouse. Je préférerais mourir plutôt que de demeurer près de toi. »

En la voyant si belle et si résolue, Syphax renonça à son projet. Il répondit à Scipion qu'il restait fidèle à Carthage, mais qu'il était prêt à faciliter des négociations entre Romains et Puniques pour mettre fin à la guerre. Hannibal quitterait l'Italie et Scipion l'Afrique, tout rentrerait dans l'ordre.

L'habile Scipion accepta. À la faveur des négociations, il envoya plusieurs de ses officiers dans les deux camps ennemis, celui de Syphax et celui d'Asdrubal. Il apprit ainsi que les camps, en raison de l'hiver, n'étaient pas faits de tentes, mais de cabanes de bois et de huttes de branchages disposées en désordre, sans fossé ni palissade pour les protéger.

Peu après, ayant laissé un rideau de troupes devant Utique, il chargea son lieutenant Lélius et Massinissa d'incendier le camp de Syphax à la faveur de la nuit. Lui-même cerna le camp d'Asdrubal.

Les Carthaginois, apercevant les flammes qui embrasaient le ciel du côté du camp numide, crurent à un accident et sortirent sans méfiance, les uns pour porter secours à leurs alliés, les autres pour observer l'incendie. Les légionnaires se jetèrent sur eux et les poursuivirent dans le camp auquel ils mirent le feu. Des milliers d'hommes périrent.

Asdrubal et Syphax rassemblèrent leurs troupes dans les Grandes Plaines. C'est là que Scipion les attaqua[1].

La force de l'armée punique tenait à la valeur des mercenaires d'Espagne qui soutinrent le choc des légionnaires romains. Mais, aux deux ailes, Scipion et Massinissa firent la décision. Asdrubal s'enfuit à Carthage et Syphax à Cirta.

Lélius et Massinissa parcoururent la Numidie où les tribus, les unes après les autres, firent leur soumission. Syphax pensa à demander la paix, mais Sophonisbe l'en empêcha :

« Tu as encore des guerriers, conduis-les au combat. Et au lieu de vivre en esclave, tâche au moins de mourir en roi ! »

5. LA VICTIME DE SCIPION

Syphax, docile aux ordres de la reine, dispersa les tribus numides qui menaçaient Cirta. Mais Lélius et l'infanterie romaine eurent vite raison de lui. Abandonné par ses troupes, jeté à terre par son cheval

1. Au printemps 203 av. J.-C.

blessé, fait prisonnier, Syphax fut amené chargé de chaînes au camp de Lélius. Celui-ci le remit à Massinissa en lui faisant promettre de le traiter humainement comme Scipion l'avait ordonné.

Massinissa, avec ses cavaliers, galopa jusqu'aux murailles de Cirta :

« Rendez la ville, dit-il aux défenseurs, votre armée a été taillée en pièces, votre roi est mon prisonnier. »

Mais Sophonisbe, lorsqu'elle apprit la nouvelle, refusa d'y ajouter foi :

« Massinissa est un fourbe. Je ne croirai mon époux entre ses mains que lorsque je l'aurai vu de mes yeux. »

Syphax, enchaîné, fut alors conduit à la porte d'Orient. Il fit comprendre aux siens que toute résistance était inutile. Alors, Cirta se rendit.

Massinissa savoura la joie du vainqueur en pénétrant dans la cité de son rival. Il courut au palais. Sophonisbe l'attendait sur le seuil, elle se jeta à ses pieds et implora son pardon :

« Tu le sais, prince, je n'ai épousé Syphax que pour obéir aux ordres de mon père, mais c'est toi que j'aimais. Je t'en supplie, ne me laisse pas tomber au pouvoir d'un Romain. »

Sophonisbe resta là, très pâle, les yeux mouillés de larmes, écrasant ses ongles contre les plaques d'or de sa poitrine. L'émotion avivait sa beauté.

Massinissa était troublé. Souvent, au cours de sa vie errante, le visage de Sophonisbe était apparu dans ses songes comme l'image d'un bonheur perdu.

Il saisit la reine par les poignets et, l'attirant doucement près de lui, il la rassura. Il ne la livrerait pas aux Romains. Il ne la chasserait pas de son royaume. Et afin qu'elle ne soit plus une captive, il l'épouserait le jour même, lui offrant ainsi de partager son destin.

Les noces eurent lieu avant le coucher du soleil en présence de l'armée et du peuple de Cirta. Selon la coutume numide, les deux époux, les pouces liés par une lanière de cuir, prêtèrent serment avant de partager le pain et le sel. Lorsque Lélius arriva pour s'emparer de Sophonisbe afin de la livrer à Scipion, il apprit avec stupeur qu'elle était devenue l'épouse de Massinissa. L'ennemie de Rome régnait toujours à Cirta !

Le camp romain était dressé dans la plaine. Scipion, entouré de ses officiers, accueillit Syphax et fit enlever les chaînes dont le captif était chargé. Puis, ayant rendu hommage au courage malheureux du Numide, il s'entretint avec lui :

« Pourquoi, Syphax, as-tu refusé l'alliance de Rome ?

— J'aimais Sophonisbe et la fille d'Asdrubal m'a fait perdre la raison.

— Sais-tu qu'elle t'a trahi en épousant ton rival ?

— Oui, et c'est une consolation dans mon malheur. Elle le perdra comme elle m'a perdu. »

Syphax ajouta qu'il était prêt à mourir sous la hache des licteurs. Mais Scipion le rassura. Il lui avait ménagé une retraite paisible dans une villa de Tibur. Quant à Sophonisbe, elle ne tarderait pas à payer sa haine des Romains.

Massinissa arriva peu après. Sur sa cuirasse aux plaques d'argent, il avait jeté le manteau pourpre, et portait au front le diadème des rois. Une brillante escorte le suivait, poussant des cris de joie et acclamant le vainqueur.

Scipion, le crâne rasé, en tunique de soldat, observait d'un œil amusé cette cohue bruyante. Il gravit les degrés du petit tertre dressé devant sa tente, d'où il haranguait ses hommes, et en quelques mots il salua Massinissa dont la fougue avait contribué à la victoire décisive des Grandes Plaines.

Puis il le fit entrer dans sa tente et là, seul avec lui, il lui parla sérieusement. Son visage s'était durci, sa voix avait pris des inflexions plus rudes, sa colère, longtemps contenue, s'exprimait sans détour :

« Sophonisbe a poussé Syphax à combattre les Romains. Elle a ainsi redonné l'espoir à Carthage et empêché la signature de la paix. C'est par sa faute que de nombreux légionnaires, parmi les plus vaillants, sont aujourd'hui au royaume des morts. Elle appartient désormais au peuple romain et ne mérite aucune pitié. »

Massinissa écoutait silencieux, le front courbé.

« Et toi, Massinissa, toi qu'elle a trahi, tu l'épouses pour la soustraire à un juste châtiment. Toi, le guerrier intrépide, tu succombes au charme, aux sortilèges d'une femme. »

Massinissa aurait voulu répondre et se justifier. Mais les mots se figeaient sur ses lèvres.

« Tu sais, reprit Scipion d'une voix plus douce, presque affectueuse, combien j'estime ta bravoure. Rome veut faire de toi le plus puissant roi d'Afrique. Mais si tu ne livres pas Sophonisbe, alors souviens-toi : malheur au vaincu ! »

Massinissa, tout à sa douleur, revint à Cirta. Il ne pouvait braver la colère de Scipion, mais il s'interdit de livrer Sophonisbe aux Romains. La reine, inquiète, avait demandé à le voir. Il refusa, craignant une fois encore de céder à son amour. Il fit préparer une coupe de poison et il ordonna qu'elle fût portée à la reine.

Sophonisbe comprit. Elle caressa les boucles brunes du jeune esclave qui lui apportait la coupe fatale.

« J'accepte, dit-elle, ce présent de mon époux. »

Elle but et bientôt sa vue se troubla, ses membres se glacèrent, la vie l'abandonna.

Ainsi mourut Sophonisbe pour avoir voulu sauver la fortune de Carthage.

X

LA CHUTE DE CARTHAGE

1. LE RÉVEIL DES VAINCUS

La journée avait commencé comme toutes les autres lorsque la brise aux premières lueurs de l'aube avait réveillé la cité assoupie[1].

Le port s'était animé d'abord avec le retour des pêcheurs, l'appareillage des premiers navires, l'agitation des entrepôts et des chantiers. Puis s'étaient ouverts au faubourg de Malqua les tavernes, les boutiques et les ateliers des orfèvres, des tisserands, des potiers et des verriers.

Une foule bigarrée était accourue des hauteurs de Byrsa, du quartier des Mappales et des hameaux de la lagune. Le marché battait son plein lorsqu'on avait appris la nouvelle :

« Les Numides marchent sur Carthage. »

Personne n'en pouvait douter. Massinissa, malgré son grand âge, n'avait pas renoncé à son projet de prendre la ville. Depuis près de cinquante ans, avec obstination, le roi de Cirta avait peu à peu enlevé à

1. En 151 av. J.-C.

la République toutes ses possessions africaines. Récemment encore, il s'était emparé des villes de la Syrte et du pays d'Emporia. Il ne renoncerait à lancer son armée sur Carthage que s'il recevait cinq mille talents d'argent.

Le Grand Conseil s'était réuni au temple d'Eschmoun, et après un sacrifice aux dieux, la séance avait commencé. Le Suffète Magon, très pâle, le corps lourd, le visage bouffi, les yeux mi-clos, souligna la faiblesse de Carthage :

« Depuis que les Romains nous ont imposé la paix, nous avons respecté scrupuleusement les clauses du traité. Nous avons payé tribut, livré notre flotte de guerre, renoncé à équiper une armée. Ainsi, notre cité, oubliant les rêves chimériques des Barca, a-t-elle retrouvé sa vocation de négoce et de paix. »

Les Anciens écoutaient, impassibles. Ils étaient certes bien différents, les uns petits, épais, le nez en bec d'aigle, d'autres plus vigoureux, le teint hâlé par les embruns ou les sables du désert, d'autres encore plus grands, aux flancs minces, aux cheveux crépus révélant leur ascendance africaine.

Mais tous avaient le même air grave d'entrepreneurs aventureux, habiles à traiter les plus grosses affaires depuis ce quartier de Malqua où avaient abordé autrefois les premiers colons phéniciens.

Ils passaient le jour dans les entrepôts des Syssites où ils accueillaient leurs clients, leurs courtiers et leurs chefs d'équipage. Ils n'étaient à l'aise que dans ces magasins aux murs épais, imprégnés des odeurs du sel, de l'huile, des épices, et où ne parvenaient qu'atténués les bruits du port et de la ville.

Ils savaient vérifier des comptes, fixer des tarifs, escompter des profits. Ils n'aimaient pas la guerre. Le Suffète Magon, qui était l'un des leurs, reprit :

« Massinissa a l'appui des Romains. Si nous engageons la guerre contre le roi numide, Rome en tirera prétexte pour détruire notre cité. Je suggère que Carthage s'en remette à l'arbitrage de Rome et propose de payer en cinq ans l'indemnité de cinq mille talents. »

Tel n'était pas l'avis d'Asdrubal, fils de Carthalon, le chef du parti populaire. Il se dressa soudain, écartant son manteau et découvrant sa cuirasse d'airain qui apparut à la lueur tremblante des flambeaux :

« Voici des années, dit-il d'une voix ferme, que les Numides ravagent nos campagnes. Nous les aurions déjà chassés si vous aviez consenti à lever des troupes. Mais sans doute en est-il parmi vous qui ont déjà résolu de livrer Carthage aux Romains. »

Un tumulte couvrit sa voix. Tandis que les amis d'Asdrubal demandaient qu'on le laissât poursuivre, la majorité des Anciens, debout, manifestaient leur colère. Pour eux, la cause était entendue, ils approuvaient la sagesse de Magon et préféraient la paix romaine au hasard des batailles.

Asdrubal attendit que le calme fût revenu, puis il réussit à se faire entendre :

« Je veux le salut de la République. Par Moloch, dieu du feu, je propose que la somme de cinq mille talents serve au renforcement de notre armée. J'exige que nous ne tolérions pas plus longtemps l'insolence de Massinissa.

— Et si Rome nous déclare la guerre ? demanda Magon inquiet.

— Nous combattrons mais pour cela il faut armer le peuple. C'est lui qui sauvera la cité. »

À ce moment, la foule, qui s'était amassée autour du temple d'Eschmoun, enfonça les portes au grand scandale des prêtres qui tentèrent en vain de l'arrêter. Les Anciens, cédant à la menace, nommèrent

Asdrubal chef de l'armée et lui remirent tout pouvoir pour conduire la guerre contre les Numides.

Ainsi, Carthage, après une longue patience, rompait-elle la trêve qu'elle avait signée après Zama. Elle engageait son destin.

2. LA VICTOIRE DE MASSINISSA

Le camp carthaginois achevait de se consumer. Les tentes et les chariots de ce qui avait été une armée n'étaient plus qu'un amas de décombres, d'où jaillissaient encore, au cœur du brasier, des gerbes d'étincelles. Des traînées de feu rampaient au long de la steppe d'herbes sèches parmi les guerriers morts et les éléphants abattus.

Le combat avait été rapide. Surgissant des collines, les Numides s'étaient élancés sur l'armée punique avant même qu'elle eût pu former ses lignes. Assaillie par une grêle de flèches, de dards, de balles de plomb, harcelée par des cavaliers infatigables pénétrant à coups de lance en disloquant les cohortes, incapable d'utiliser les éléphants dans la confusion et bientôt la panique, l'armée avait été anéantie, le camp pris et incendié. Asdrubal avait fui.

Massinissa, au soir de la bataille, était entré dans la cité d'Oroscapa que ses habitants avaient abandonnée pour chercher refuge à Carthage. La ville avait été aussitôt pillée par les Numides vainqueurs. Ceux-ci, comme une nuée de sauterelles sur un champ d'orge, s'étaient abattus sur la place du marché, vidant en un instant les échoppes et les magasins et se précipitant, les bras chargés de butin, pour boire le vin des tavernes.

Massinissa observait en souriant ce joyeux tumulte. Dur pour ses hommes et pour lui-même dans les longues chevauchées sur les plateaux arides, dans l'attente silencieuse de l'ennemi traqué comme le léopard des steppes, dans la fureur du combat où il exigeait la discipline la plus absolue, il accordait à ses Numides, comme à des enfants turbulents, une liberté entière après la victoire.

Lui-même, dédaignant le palais du gouverneur, avait fait dresser sa tente à l'ombre des cyprès dans la cour d'un temple dont il avait par jeu abattu les statues des dieux. Là, entouré de ses fils, de ses femmes, de ses lions favoris, dociles comme de gros chiens, il avait fait préparer un fastueux repas pour ses hôtes romains qui avaient assisté au combat.

Le sénateur Caton arriva le premier, portant la toge à bande pourpre. C'était un vieil homme dur et anguleux dont on redoutait les colères. Depuis plus de quarante ans, il connaissait Massinissa et sa victoire le comblait d'aise, car il vouait à Carthage une haine inexpiable.

« J'espérais, dit-il, il y a bien longtemps, après Zama, que serait détruite cette cité arrogante et corrompue qui menace la grandeur de Rome. Je l'ai dit cent fois au Sénat : "Il faut détruire Carthage*." On ne m'a pas écouté.

« Récemment encore, j'ai ramené d'Afrique une figue et, trois jours après, j'étais à Rome. La figue était encore toute fraîche, je l'ai montrée aux sénateurs et je leur ai dit : "Oui, nous avons un ennemi si près de nos murs. Il faut détruire Carthage."

— Tu sais, ami, reprit le roi numide, mes hommes rêvent tous ce soir de festoyer demain sur les ruines de Carthage. »

* Le fameux « *Delenda est Carthago* », bien connu des apprentis latinistes !

Le second invité parut alors. C'était un jeune homme dont la beauté et la franchise forçaient la sympathie. Tribun militaire à l'armée d'Espagne, il se trouvait là par hasard, ayant été envoyé par ses chefs pour demander à Massinissa des éléphants. Il s'appelait Scipion Émilien. Il salua le roi et le sénateur.

Caton l'Ancien l'accueillit d'abord avec sa bonne grâce. N'était-il pas le fils de Paul Émile, le vainqueur des Macédoniens ? Mais bientôt le visage de Caton se renfrogna. Il ne pouvait oublier que l'enfant, à la mort de son père, avait été adopté par un fils de Scipion l'Africain, le vainqueur de Zama, qui avait accordé la paix à Carthage au lieu de la détruire. Il était le neveu de cet autre Scipion, Nasica, qui au Sénat, en toute occasion, soutenait Carthage, car il redoutait la puissance grandissante des Numides.

Comme Scipion Émilien félicitait Massinissa de sa victoire et le comparait aux héros de la guerre de Troie, Caton entra en courroux :

« Les Grecs ! Les héros grecs ! Vous n'avez que cela en tête, vous, les Scipion ! Il y a des moments où je voudrais qu'on détruisît aussi la Grèce !

— Ne te fâche pas, ami, reprit Massinissa en souriant. Les jeunes d'aujourd'hui admirent la Grèce. J'ai bien un fils, moi, qui fait courir ses chevaux à la fête des Panathénées ! »

La conversation se poursuivit alors, plus détendue. L'austère Caton accepta même de faire honneur au fin repas qui lui était servi.

« En tout cas, dit-il d'un ton satisfait, Carthage a rompu la trêve en attaquant un allié du peuple romain. Notre guerre, nous la tenons ! »

3. LA COLÈRE DE ROME

Caton avait dit vrai. Dès qu'il apprit que Carthage avait repris les armes, le Sénat se réunit au Capitole. Il fit ouvrir les portes du temple de Janus [1] et chargea les deux consuls, Manilius et Censorinus, de faire passer l'armée en Afrique. Les troupes débarquèrent à Utique, cité rivale de Carthage qui venait de se livrer aux Romains. Scipion Émilien, dont on avait remarqué la valeureuse conduite en Espagne, servait sous les ordres de Manilius. C'est avec émotion qu'il veilla à l'installation des légions dans le camp du promontoire, le Castra Cornelia, occupé un demi-siècle plus tôt par l'Africain.

À Carthage, c'était la consternation. Depuis la défaite d'Asdrubal, Magon avait repris le pouvoir et à chacun il répétait :

« Je vous l'avais bien dit. Attaquer Massinissa était une folie et maintenant il nous faudra subir la colère des Romains. »

Magon décida d'envoyer des députés auprès des consuls pour offrir réparation. Manilius les félicita de leurs bonnes intentions :

« Nous pouvons nous entendre, dit-il avec une bienveillance affectée, mais il faut d'abord que Carthage, pour prouver sa bonne foi, livre toutes les armes qu'elle a en sa possession.

— Toutes les armes ! s'exclama un député punique. Mais si quelqu'un nous attaque, qu'adviendra-t-il de nous ?

— Soyez sans crainte, répondit le consul, Rome assurera votre protection. »

Dans les jours qui suivirent, les Carthaginois

1. Cela signifiait la guerre (printemps 149 av. J.-C.).

livrèrent deux cent mille armes de toute espèce, glaives, lances, arcs et flèches, ainsi que deux mille machines de guerre, béliers, catapultes et balistes, qui furent transportées à Utique. Cela fait, Manilius accepta de recevoir une délégation du Grand Conseil conduite par le sénateur Banno.

L'esplanade du camp était garnie de légionnaires en armes lorsque les dignitaires carthaginois arrivèrent. Le consul, entouré de ses officiers, avait pris place sur un tertre où étaient dressées les enseignes de la République. Il n'y avait aucune indulgence dans son regard et sa voix était d'une grande dureté :

« Écoutez, dit-il, les volontés de Rome. Carthage a trahi la foi des serments, elle sera détruite. Que tous ses habitants quittent la cité et aillent s'établir où il leur plaira, pourvu que ce soit à l'intérieur des terres, à plus de dix milles [1] de la mer ! Telle est la volonté du Sénat et du peuple romains. »

Les Carthaginois, stupéfaits d'abord, puis désespérés, implorèrent la pitié du consul. Banno demanda s'il pouvait parler librement. On accepta de l'entendre.

« Nous sommes venus ici, dit-il, nous en remettre à la clémence de Rome. Qui ne comprendrait notre effroi puisqu'on a résolu la destruction de notre cité ? Avons-nous mérité ce sort cruel, nous qui, depuis cinquante ans, avons scrupuleusement observé le traité de Scipion ? Comment pourrons-nous vivre loin de la mer, nous qui devons tout à la mer ? Qu'on nous accorde au moins la faveur de plaider notre cause auprès du Sénat romain !

— La décision du Sénat est irrévocable, répondit Manilius. Il serait en droit de vous livrer aux Nu-

1. Quinze kilomètres.

mides. Il vous accorde la possibilité d'une vie nouvelle loin de cette mer qui a toujours été la cause de vos ambitions insensées et de vos malheurs. Maintenant retirez-vous et portez nos ordres au peuple de Carthage !

— On nous massacrera, reprit Banno, avant même que nous ayons achevé de parler. Magon a promis que notre soumission sauverait la cité. Si tu veux, Manilius, que la foule se résigne à abandonner la ville, il faut envoyer la flotte romaine investir le port, pour que la peur force chacun à accepter son destin.

— Soit, admit le consul, mon collègue Censorinus ira mouiller devant Carthage avec vingt quinquérèmes. Mais dites bien qu'avant dix jours la ville doit être laissée déserte... »

Le peuple de Carthage s'était massé, au-delà des portes, sur la route d'Utique, dans l'attente du retour des sénateurs. Il était resté là, immobile pendant des heures sous un soleil de plomb.

Ils arrivent enfin. La nouvelle gagne en un instant la multitude impatiente. Ils s'avancent, l'air abattu, le regard triste. On les entoure, on les presse de questions. Ils refusent de parler, alléguant qu'ils doivent d'abord rendre compte de leur mission au Conseil des Anciens. Ils pénètrent dans le temple d'Eschmoun, suivis par la foule.

Lorsque les Carthaginois apprennent les exigences des Romains, c'est une explosion de fureur. Plusieurs sénateurs, parmi ceux qui reviennent d'Utique, sont accusés de trahison, saisis, assommés et leurs corps traînés à travers les rues. Les négociants italiens qui se trouvent dans la ville sont pourchassés et massacrés.

On ferme les portes et on se masse sur les remparts comme si l'armée romaine était déjà là, prête à donner l'assaut. Lorsque la nuit tombe, la ville tout entière se prépare au combat dans une ardeur fiévreuse.

4. LA DÉFENSE DE LA VILLE

Chaque jour, dès le chant du coq, les gardes de la Légion sacrée, portant le casque à crinière pourpre et l'épée courte des Cantabres, défilaient dans les rues de la cité en chantant des hymnes de guerre. Les jeunes nobles se rassemblaient sur les places, où, sous la conduite de vieux soldats à la longue expérience des armes, ils s'entraînaient à manier le javelot et le glaive. Les riches même gagnaient le champ des Mappales avec leurs plus belles armes qu'ils avaient réussi à cacher pour ne pas les livrer aux Romains.

Dès que le soleil montait à l'horizon, tous étaient en sueur, le visage couvert de poussière, le corps recru de fatigue. Ils n'en continuaient pas moins à s'aguerrir jusqu'à épuisement.

Pendant ce temps, dans les temples que l'on avait transformés en ateliers, les esclaves, fiers de la liberté que le Conseil leur avait accordée, fabriquaient des boucliers, des épées, des lances. Là où brûlait autrefois l'encens des autels grondaient maintenant les feux de la forge. Vers les statues impassibles des dieux montait, à la place des hymnes sacrés, le fracas des marteaux résonnant sur les enclumes.

Spontanément, les femmes avaient offert leurs bijoux pour accroître le trésor de la République et, comme on manquait de cordages pour les catapultes, elles avaient donné leurs cheveux.

Partout, les remparts furent renforcés. Asdrubal, à qui l'on avait pardonné sa défaite, prit le commandement de l'armée d'Afrique chargée d'acheminer vers Carthage d'importants convois de vivres. D'ailleurs, la mer restait libre et la ville ne risquait pas de succomber à la famine.

Le soir venu, après une journée harassante, on allumait de grands feux autour desquels la population, toutes classes mêlées, écoutait les poètes et les joueurs de flûte qui chantaient la lointaine Phénicie et la gloire de Carthage. Enfin, lorsque la lune apparaissait dans le ciel, les prêtres au crâne rasé, agitant le sistre où des baguettes de cuivre entrechoquées distillaient des sons aigus, invoquant les esprits de la nuit, appelaient sur la cité inquiète la protection des dieux...

Les Romains ne se hâtèrent pas de marcher sur Carthage. Ils étaient persuadés que la ville, après avoir livré ses armes, était incapable d'une résistance sérieuse.

Au début du printemps, l'attaque fut décidée : Manilius, au nord, franchirait le fossé et la triple ligne de remparts pour pénétrer dans Megara. Censorinus, au sud, établissant son camp sur les rives du lac de Tunis, forcerait l'enceinte, plus faible en cet endroit, et déboucherait directement dans Malqua, au cœur de la cité. Les deux consuls n'auraient plus qu'à enlever ensemble la citadelle de Byrsa.

Mais lorsque les Romains arrivèrent sous les murs de Carthage, ils les trouvèrent garnis de défenseurs en armes. Pendant des jours et des jours, tous les assauts furent repoussés. Une nuit même, les assiégés faillirent bien prendre et incendier le camp de Manilius, qui fut sauvé au dernier moment par Scipion et ses cavaliers.

Les Romains n'étaient pas prêts à livrer un siège en règle. On était en été. Il faisait une chaleur torride. Des odeurs fétides émanaient du lac où pullulaient les insectes. Les vivres commençaient à manquer.

Massinissa, ulcéré de voir d'autres que lui sur le

point de prendre la ville qu'il convoitait depuis si longtemps, ne mettait aucun empressement à ravitailler les Romains.

Asdrubal, désireux de venger sa défaite d'Oroscapa, harcelait les légionnaires qui s'aventuraient dans la campagne. Un jour, il réussit à bloquer sur une colline six cents hommes, mais Scipion les dégagea.

À Rome, le Sénat s'inquiétait de cette campagne qu'on avait dite facile et qui traînait en longueur. Caton, oubliant toutes ses préventions, souhaitait que le commandement fût confié à Scipion :

« Seul il est sage, disait-il, les autres s'agitent comme des ombres [1]. »

L'année suivante, le consul Pison, renonçant à prendre Carthage, voulut au moins enlever plusieurs cités de l'intérieur. Il échoua. La colère gronda à Rome. Quand arriva l'époque des comices, Scipion Émilien, bien qu'il n'eût pas l'âge requis, fut élu consul et chargé de conduire la guerre en Afrique.

« Enfin, nous l'avons trouvé, le vainqueur de Carthage ! » s'exclama Caton au Sénat.

5. LE SIÈGE DE CARTHAGE

À son arrivée à Utique, Scipion ne reconnut plus l'armée où il avait servi quelques mois auparavant. Les légionnaires, réduits à l'inaction, sortaient du camp par petits groupes pour piller la campagne. Ils vendaient leur butin aux innombrables trafiquants qui s'étaient installés auprès de l'armée. Les centurions avaient renoncé à exiger la moindre discipline.

1. Caton, à son tour, cite un vers d'Homère.

La garde du camp n'était même pas assurée et Asdrubal, avec un peu d'audace, n'aurait eu aucune peine à surprendre les Romains.

La première tâche de Scipion fut de rétablir l'ordre. Il chassa les marchands, menaça de mort les pillards, soumit la troupe à un entraînement très dur. Ensuite seulement il décida de sonder les défenses de Carthage...

Par une nuit sans lune, après une approche silencieuse, les Romains arrivent au pied du rempart. À l'aide d'échelles, ils l'escaladent. Les gardes, d'abord surpris, donnent bientôt l'alarme et un combat furieux s'engage.

Les assaillants vont être repoussés lorsque Scipion aperçoit la tour d'une villa qui domine la muraille. Elle est déserte. Il ordonne à quelques hommes d'y monter. Ceux-ci peuvent alors disperser par une grêle de traits les défenseurs puniques. De l'intérieur, les Romains ouvrent les portes à Scipion.

« La ville est prise, lui disent ses officiers. Marchons hardiment sur la citadelle de Byrsa !

— Non, répond Scipion, il n'est pas encore temps. »

Le quartier de Megara est en effet couvert de jardins parcourus de canaux profonds, de parcs enclos de murs de pierres sèches ou de haies épineuses, de villas propices aux embuscades. Scipion n'a guère plus de quatre mille hommes avec lui. Il donne le signal de la retraite.

« Je reviendrai », dit-il en quittant Megara.

L'attaque audacieuse des Romains a eu au moins un résultat. On ne tarde pas à apprendre qu'Asdrubal, en toute hâte, a ramené son armée dans la ville. Scipion n'aura plus à craindre d'être harcelé sur ses arrières.

D'ailleurs, Asdrubal est furieux. Au lever du jour, il traîne sur les remparts les prisonniers romains. Il leur fait couper les poignets et ordonne qu'ils soient précipités tout sanglants dans les fossés au pied de la muraille.

Magon et les Anciens réprouvent cette cruauté qu'ils jugent indigne de la cité. Mais ils n'osent intervenir car Asdrubal dispose d'un pouvoir absolu.

Scipion investit Carthage de tous côtés. En vingt jours, il fait creuser tout le long de l'isthme un fossé de vingt-cinq stades [1] et, à l'arrière, il dresse un mur de pierre avec, de place en place, de hautes tours de bois surplombant les remparts de la ville.

Mais il reste la mer. La flotte romaine certes surveille les abords de Carthage. Mais lorsque le vent du large se lève, les galères risquent d'être jetées sur les rochers. Elles doivent alors chercher un abri et les navires puniques, qui attendent en mer, en profitent pour gagner le port, toutes voiles déployées, et décharger leur cargaison.

« Il faut barrer l'entrée des ports, constate Scipion.

— Mais c'est une tâche impossible », lui objecte-t-on.

L'entreprise est en effet gigantesque. Il s'agit de dresser entre les deux môles une véritable muraille de cent pieds à la base et de vingt pieds au sommet. Il faudra des mois à l'armée pour entasser d'énormes blocs de pierre dans la mer.

Les Carthaginois ont d'abord souri des prétentions de l'ennemi. Mais ils ne tardent pas à s'inquiéter lorsqu'ils aperçoivent la digue qui barre déjà la moitié de la passe et qui s'avance dans les flots. Le port, on ne peut en douter, sera bientôt bloqué.

Alors, toute la population s'affaire à creuser un nouveau chenal qui débouchera plus à l'est. Après

1. Quatre kilomètres et demi.

deux mois d'un travail sans trêve, jour et nuit, plus de cent navires, glissant en bon ordre entre les berges de terre rouge, gagnent la pleine mer. Ils surprennent les galères romaines, dont les équipages sont incomplets, mais après avoir coulé quelques vaisseaux, ils rentrent au port, satisfaits d'avoir ainsi bravé l'ennemi.

Trois jours plus tard, lorsqu'ils sortent à nouveau pour livrer bataille, la flotte romaine est sur ses gardes. Les navires puniques, plus rapides, éperonnent les galères, fracassant les proues et arrachant les rames.

Mais alors que le soir tombe, les Carthaginois, qui n'ont pu briser le cercle des vaisseaux romains, se précipitent tous ensemble vers l'étroit chenal pour regagner le port avant la nuit.

Là, les navires se heurtent bord à bord, obstruant la passe, jetés à la côte, incapables de manœuvrer. Les Romains, au petit jour, s'élancent contre ces bâtiments enchevêtrés. Ils les coulent ou les brûlent. Dès lors, Carthage ne peut espérer ni ravitaillement ni secours...

L'été se passe, laissant les deux adversaires face à face. Les Romains fabriquent de puissantes catapultes qui lancent sur les remparts d'énormes pierres et des traits enflammés. Ils frappent les murailles avec de lourds béliers portés par des centaines de soldats, protégés par leurs boucliers qui forment sur leurs têtes comme une carapace de tortue.

Mais les défenseurs puniques tiennent bon, réparant chaque nuit les brèches creusées dans le rempart, lançant même d'audacieuses sorties pour détruire les ouvrages de l'assaillant.

L'automne arrive. Les vivres commencent à manquer à Carthage. Scipion, avec l'aide du jeune roi numide Gulussa qui a succédé à Massinissa, a enlevé les unes après les autres les cités de l'Afrique punique : Hadrumète, Leptis, Thapsus, Néphéris.

Asdrubal, qui a perdu beaucoup de son arrogance, propose à Scipion de négocier la reddition de la ville :

« Quoi ! répond le consul. Tu oses parler de paix alors que tu as massacré indignement nos soldats prisonniers. Jamais je ne traiterai avec toi ! »

Mais Scipion se ravise. La guerre n'a que trop duré, les élections consulaires auront lieu bientôt et il devra renoncer à son commandement, laissant à un autre la gloire de prendre Carthage. Ne vaut-il pas mieux accueillir favorablement les offres de l'ennemi ?

« Je t'offre la vie sauve pour toi et les tiens, dit-il à Asdrubal, et cela malgré tes crimes. Mais la ville sera détruite, car telle est la volonté du Sénat.

— Je ne puis accepter, répond Asdrubal, mon sort est lié à celui de Carthage. »

La lutte continue donc, plus âpre et plus violente pendant tout l'hiver. Carthage souffre de la faim. Il y a longtemps que les entrepôts et les greniers sont vides. On a dû abattre les chevaux, les éléphants et jusqu'aux singes sacrés des temples. On est réduit à manger les plantes épineuses et les écorces des arbres.

Mais personne ne parle de se rendre. À la tombée du jour, lorsque les catapultes romaines cessent de battre la muraille, on aperçoit tout le long du rempart les défenseurs, immobiles comme des spectres, qui continuent à veiller sur la ville assiégée...

6. LA VILLE EN FEU

Par un matin de mars[1], le camp romain est en fête. Les légionnaires, en armes, rangés derrière les légats et les centurions, saluent de leurs vivats leur chef qui a quitté le manteau rouge pour la toge blanche du sacrificateur.

Scipion Émilien, dont le Sénat a prolongé le commandement, a décidé de lancer l'ultime assaut contre Carthage. Mais auparavant il veut se concilier les dieux.

« Dieux de Carthage, dit-il d'abord, abandonnez la cité maudite et accourez à Rome où vous serez honorés. »

Puis, ayant ramené un pan de sa toge sur sa tête, il égorge une brebis blanche sur l'autel sanglant dressé devant la tente consulaire :

« Vous, dieux des Enfers, répandez sur Carthage la frayeur et la mort !... »

Le lendemain, les Romains attaquent sur toute la longueur de l'isthme. Ils sont partout repoussés. Aux abords du port marchand, l'incendie fait rage. Asdrubal, pour arrêter l'assaillant, a ordonné de brûler les navires et les entrepôts.

Un jeune légionnaire a toutefois repéré un passage mal gardé qui conduit au port militaire. Il s'y précipite avec ses compagnons et pénètre le premier dans le faubourg de Malqua. Le jeune intrépide se nomme Tiberius Gracchus.

La nuit est tombée. Les Carthaginois ont abandonné la ville basse. Les soldats romains, demeurant sur leurs gardes, campent à même le sol sur les places, sous les portiques ou dans les temples. Dans le sanc-

1. En 146 av. J.-C.

tuaire de Khamon, ils arrachent de la pointe du glaive les plaques d'or qui recouvrent la statue du dieu et, malgré les ordres du consul, ils se les partagent entre eux.

À l'aube, Scipion lance ses troupes vers la citadelle à laquelle conduisent trois rues étroites, bordées de hautes maisons. Les Romains sont aussitôt assaillis par une grêle de projectiles. Le peuple spontanément s'oppose aux assaillants. On se bat maison par maison, étage par étage, et sur les terrasses de marbre des palais.

Les Romains, surpris et furieux, pourchassent les défenseurs. Ils les précipitent du haut des toits et les malheureux s'écrasent sur les dalles ou s'enferrent sur la pointe des lances. La mêlée est confuse : partout, des cris, le sang, la souffrance, la mort.

Scipion, pour faciliter la progression de ses troupes, décide de faire incendier le quartier qui monte vers Byrsa. Le feu dévaste tout. Les murs s'écroulent. Pendant six jours et six nuits, Carthage n'est qu'un vaste brasier. Les villes d'Afrique, très loin à la ronde, aperçoivent dans la nuit le rougeoiement des flammes.

Les légionnaires, qui se relaient selon des ordres précis, dégagent les blocs de pierre et les débris fumants, enfouissent à la hâte les cadavres entassés sous les décombres, nivellent les accès à la citadelle. Scipion, qui n'a guère pris de repos, dissimule son épuisement à ses hommes.

« Avec un tel chef, constatent les centurions les plus valeureux, nous pourrions conquérir le monde ! »

Dans Byrsa, c'est la panique. On supplie Scipion d'accorder la vie sauve aux assiégés. Il accepte. Les défenseurs sortent de la citadelle et traversent la ville incendiée entre une double haie de légionnaires en armes. Asdrubal lui-même a décidé de se rendre et d'implorer la clémence de Scipion.

Mais l'épouse du chef punique a refusé de le suivre. Elle s'est enfermée avec les derniers résistants dans le temple d'Eschmoun. De la terrasse, où elle apparaît revêtue de ses habits de fête, elle reproche à Asdrubal sa faiblesse et lance contre Rome de violentes imprécations :

« Un jour, dit-elle, toi aussi, ville maudite, tu seras la proie des flammes et ton vainqueur fera boire ses chevaux dans le Tibre ! »

Le temple d'Eschmoun est en feu. La femme d'Asdrubal prend ses deux jeunes enfants et les jette dans le brasier. Puis elle s'y précipite à son tour.

Carthage brûle encore pendant dix-sept jours. Scipion Émilien, devant ces flammes qui marquent la fin d'un monde, est moins heureux de sa victoire qu'ému par la cruauté du destin qui fait et défait les empires. On dit qu'alors il a pleuré sur les ruines de la cité détruite en récitant les vers qu'Homère consacra à la prise de Troie :

« Un jour viendra où mourra Ilion, la ville sainte, où périront Priam et le peuple de Priam, habile à manier la lance... »

XI

LE TRÉSOR DE CARTHAGE

Le Sénat de Rome en avait décidé : Carthage serait détruite. Ainsi serait réalisé le vœu de Caton. À peine les dernières résistances avaient-elles cessé dans la citadelle incendiée que les légionnaires de Scipion Émilien commencèrent leur œuvre de mort.

Ils rassemblèrent d'abord tous les survivants de la cité vaincue dans un vaste camp près d'Utique où affluèrent les marchands d'esclaves. Ainsi les filles de Carthage iraient-elles filer la laine dans les villas campaniennes et les riches armateurs de Syssites tourner la meule ou souffler la forge dans les ateliers de Subure...

Le feu avait ravagé le cœur de la ville, mais les faubourgs, abandonnés par leurs habitants, étaient restés intacts. Tout fut pillé par les vainqueurs. Rien n'échappa à leur cupidité.

Le Sénat avait exigé les trésors des temples. Les statues d'or et d'argent furent fondues en lingots et allèrent enrichir le trésor de Rome au sanctuaire de Saturne. Les légionnaires fouillèrent le palais d'Hamilcar et les villas de Megara. Le butin fut tel qu'il fallut pendant des jours des centaines de bêtes de somme pour le transporter jusqu'aux navires.

Les Siciliens réclamèrent les œuvres d'art que les

Carthaginois leur avaient prises ; et on les leur rendit. Les Numides demandèrent une part des dépouilles : on leur livra les tablettes et les papyrus des bibliothèques pour allumer leurs feux de camp dans les nuits froides du désert.

Scipion Émilien consacra au dieu Mars les machines de guerre grâce auxquelles les Puniques avaient résisté si longtemps et il les fit brûler sur les remparts. Lorsqu'on lui proposa, en témoignage de gratitude, une part du butin, il refusa. Il ne prit même pas les deux cents coupes d'or du trésor des Barca qu'il découvrit un soir dans le sanctuaire de Salammbô.

Enfin, dix sénateurs, accompagnés des pontifes, arrivèrent à Carthage pour renouveler solennellement les imprécations fatales et vouer la cité vaincue aux dieux infernaux. Bientôt, tout ce qui restait de Carthage s'abîma dans les flammes.

Là où se dressaient peu de temps auparavant les coupoles des temples, les terrasses des palais, les entrepôts, les ateliers, les échoppes, là où, autour du port qu'animait le va-et-vient des voiles blanches et pourpres, se pressait une foule affairée, on ne vit plus que des amas de pierres écroulées et des débris fumants.

On passa alors le soc dans les cendres et on sema dans les sillons le sel en signe de stérilité et de malédiction. Il ne restait plus rien de Carthage, fille de Tyr, grande et opulente cité...

Deux siècles ont passé [1]... Une ville nouvelle a été construite sur les ruines de Carthage. C'est Jules César qui en a décidé la fondation, comme pour faire oublier à l'Afrique romaine la dureté de la conquête.

1. En 66 ap. J.-C.

La vie est revenue dans les ruelles de Malqua et les villas de Megara apparaissent à nouveau au cœur des pinèdes et des fleurs.

Certes, Carthage n'a plus l'éclat d'autrefois : Utique, son heureuse rivale, l'a supplantée. Le port aux quais tranquilles n'abrite plus que de petits navires et dans les entrepôts ne s'entassent que les produits de la terre africaine : le blé, le vin, l'huile destinés aux marchands d'Ostie. Il est bien loin le temps où affluaient vers la cour des Syssites les richesses de Tyr et de Tartessos.

Pourtant, les habitants de la nouvelle cité aiment à évoquer l'ancienne opulence. Le bruit court que la ville recèle encore de fabuleux trésors.

« Pendant le siège, disent les uns, les Riches ont enfoui leur immense fortune dans les souterrains de leurs villas si profondément qu'elle a échappé au pillage des Romains. Un jour, on retrouvera des tas d'or, d'argent, de pierres précieuses...

— Mais non, répondent les autres, ce trésor n'est qu'une légende. Souvent, on a fouillé le sol dans l'espoir de le découvrir. Personne n'a jamais vu la moindre drachme. Alors, à quoi bon s'obstiner ? »

Néanmoins, quelqu'un ne se laisse pas décourager. C'est un personnage curieux, à la fois rusé et crédule que ce négociant du port nommé Cesellius Bassus. Habile, beau parleur, il s'entend à merveille à traiter les affaires délicates, il a dupé plus d'un concurrent et cependant, lui si méfiant, il prête naïvement l'oreille à tous les bruits les plus fantaisistes pourvu que l'or y tinte quelque peu.

Il écoute donc les fariboles de tous les soi-disant mages, de tous les astrologues quand ils lui prédisent une fortune inattendue. Aussi est-il persuadé que le trésor de l'ancienne Carthage est à portée de main. Il a fait creuser partout dans ses entrepôts, fouiller le terrain qui entoure sa villa, retourner de fond en comble son jardin fleuri. En vain !

Il s'entête encore. Ses esclaves résignés recommencent sans arrêt à ouvrir la terre dure et craquelée sous le brûlant soleil. Toujours rien : des lézards qui filent à travers les herbes sèches ou la fuite d'un serpent dérangé par la pioche ; quelques pierres calcinées rappelant qu'autrefois une demeure se dressait dans cette garrigue. Et si le trésor était caché sous ces ruines ?

« Creusez, creusez encore ! » crie Bassus. Et il s'affaire, aussi échauffé que les travailleurs, et courant de-ci, de-là pour les surveiller tous de peur qu'une partie du trésor ne soit habilement subtilisée par l'un d'entre eux.

Bassus ne trouve rien, mais il ne cesse de croire à ce fameux trésor. Chose étonnante : il y rêve même la nuit ; au plus profond de son sommeil, il croit voir — non, il voit — un souterrain mystérieux au fond duquel on devine des coffres aux ferrures d'argent, des bijoux, des lingots amoncelés et, brillant dans l'ombre d'une salle basse, des pièces d'or répandues comme un flot luisant au pied des colonnes trapues.

Mais où se cache donc ce fabuleux trésor ? En quel lieu dorment ces merveilles ? Toute la nuit, le pauvre Bassus s'agite sur sa couche, parcourant en songe de ténébreuses galeries qui ne mènent nulle part, et les premiers rayons de l'aube éclairent son réveil épuisé et déçu.

Pourtant, cette nuit, le rêve a été si net, si précis que notre homme en est profondément troublé. Que signifient donc ces visions répétées ? Il faut en avoir enfin le cœur net.

Il donne l'ordre de préparer sa litière et se fait conduire à travers les rues déjà animées et bruyantes de la nouvelle ville vers la demeure d'un devin chaldéen dont la réputation commence à se répandre dans toute la province d'Afrique.

Cet homme, dit-on, a pénétré les arcanes d'une science plusieurs fois millénaire, il connaît les secrets des étoiles et les mystères des Nombres, il explique les présages et interprète les songes ambigus par lesquels il plaît quelquefois aux dieux d'avertir les humains.

Bassus lui expose avec excitation le rêve qui le visite presque chaque nuit. Le mage l'écoute attentivement d'un air inspiré, supputant en lui-même ce qu'il peut demander pour prix de sa consultation à ce gobeur de nuées. Enfin, il rend son verdict :

« Ton songe est bien de ceux auxquels il faut croire. À de nombreux caractères, je reconnais avec certitude qu'il est envoyé par les dieux bienveillants et non par ces démons informes qui hantent les ténèbres et s'emparent quelquefois de l'esprit des hommes à la faveur de leur sommeil. Il est porteur de vérité, mais le message est incomplet ; ou plutôt tu ne peux le déchiffrer sans la compétence d'un initié comme moi...

— Je t'en prie, maître, aide-moi : tu n'auras pas obligé un ingrat !

— Je ne sais si je le dois. Les conséquences de ce que je vais te révéler seront si graves, elles bouleverseront si profondément ta vie que j'hésite encore. Es-tu bien sûr de ne jamais regretter la confortable médiocrité dans laquelle tu vis à Carthage ? Souhaites-tu vraiment courir le monde, brasser l'or, fréquenter les puissants, mener les hommes ? »

Bassus ne se sent plus de joie à l'évocation de ces grandeurs qui lui sont promises. En attendant de devenir le maître du trésor aperçu en rêve, il sort de sa bourse assez de pièces d'argent pour convaincre le mage que ce client matinal mérite bien qu'on fasse un petit effort d'imagination en sa faveur.

Enfin, après un long exposé, le devin congédie Bassus avec ces mots sentencieux :

« Ô Bassus, tel est le message des esprits divins : de bas que tu es tu monteras très haut, pourvu que tu te montres audacieux et persévérant. »

Lorsque notre homme se retrouve dans la rue éclatante de soleil, il ne se sent plus le même. Il regarde la ville, les édifices, la foule comme si tout cela lui appartenait. Car le mage lui a fait des révélations stupéfiantes : c'est vrai, le trésor existe, mais bien plus important encore qu'il n'avait pu l'imaginer !

Ce ne sont pas seulement des richesses accumulées par Carthage au cours de ses années de gloire qui reposent au fond de ce souterrain, ces énormes lingots d'or que Bassus a vus en rêve, empilés en si grande quantité qu'ils y forment de véritables colonnes, sont venus jadis en Afrique sur les bateaux de la Phénicienne Didon. C'est l'or de Tyr, l'opulente, qui se cache ainsi depuis des siècles sous la terre de Carthage !

Et Bassus est l'homme entre les mains de qui les dieux entendent remettre ce trésor sans prix : la preuve, c'est qu'il est bien enfoui dans sa propriété. Mais il faudra creuser très profondément. Le souterrain se trouve à des pieds et des pieds sous la terre...

Le lendemain, Bassus était au port. Vêtu de ses plus beaux habits, et répondant en termes condescendants et énigmatiques aux questions de ses amis étonnés, il s'embarquait pour l'Italie.

En effet, il avait longuement médité les paroles du mage et sa conclusion avait été qu'il fallait intéresser Rome et le palais impérial à ses grandioses projets. D'ailleurs, comment un homme seul pourrait-il effectuer méthodiquement des fouilles aussi difficiles ?

D'autre part, si le trésor était d'une telle importance, il ne pourrait décemment le conserver pour lui tout seul : autant valait jouer les généreux et s'attirer ainsi la faveur impériale. À Bassus ensuite honneurs, gloire, titres, toutes les grandeurs auxquelles il aspirait maintenant et que les belles paroles du mage lui avaient fait entrevoir !

Et tandis que le bateau filait sous le bon vent, gonflait les voiles et faisait chanter les cordages, le marchand de Carthage écoutait en son cœur le chant redoutable des sirènes.

Dès qu'il fut arrivé à Ostie, Cesellius Bassus expédia un messager à Rome pour demander une entrevue à l'empereur. Contre de bons deniers sonnants — c'était la coutume de Néron toujours à court d'argent — l'audience fut accordée et notre homme s'achemina fièrement vers la « Domus aurea », la somptueuse demeure que l'empereur s'était fait construire après l'incendie de Rome.

Au milieu de ses familiers, Néron répétait un grand poème qu'il venait de composer et qu'il comptait offrir bientôt aux applaudissements du peuple romain. Lorsque Bassus, fort intimidé, pénétra dans la salle, l'impérial artiste évoquait justement d'un ton recueilli la tristesse d'Énée quittant malgré lui Carthage et l'amour de la reine Didon. Il ponctua son chant d'un accord de la lyre à sept cordes qu'il tenait en main, puis regarda ceux qui l'entouraient d'un air interrogateur :

« Répondez-moi avec sincérité puisque j'ai confiance en vous, mes amis. Ce poème est-il digne d'être présenté à mon peuple ?

— Je ne crois pas que tu en doutes, César, dit

Pétrone avec détachement. Tu sais fort bien que ce que tu composes est de plus en plus beau.

— Ces vers sont admirables, renchérit Tigellin avec enthousiasme. Tu surpasses aujourd'hui Homère, Virgile, et tous les plus grands poètes de tous les temps.

— Non, Tigellin, tu veux me flatter, mais je ne suis pas aussi crédule que tu parais le croire. Et même, ajouta l'empereur avec modestie, ce poème n'est pas ce que j'ai fait de mieux. Si je dois reconnaître qu'il est meilleur sans doute que le quatrième chant de *L'Énéide* — très surfait entre nous —, admets cependant que certains passages de *L'Iliade* sont aussi fort beaux...

« Mais hélas, soupira-t-il en déposant sa lyre, votre prince ne peut s'adonner librement aux délices de la création poétique. Il doit s'en arracher pour se consacrer maintenant aux devoirs de sa charge. Infortune du rang suprême ! »

Sur ces mots, Néron quitta la salle après avoir fait signe à Bassus de le suivre.

Le Carthaginois plaida-t-il sa cause avec tant de persuasion qu'il convainquit l'empereur ? Ou bien le trésor impérial était-il à ce point vide que Néron fut prêt aux entreprises les plus aventureuses pour essayer de le remplir ? Toujours est-il que Bassus quitta la demeure impériale avec des promesses formelles : on équiperait une flotte qui cinglerait vers Carthage avec tous les hommes et tout le matériel nécessaires pour mener à bien des fouilles sérieuses.

Ce qui fut fait. À grands frais, les bateaux amenèrent en Afrique des légionnaires qui fondirent aussitôt sur les terres de Bassus pour les ouvrir, les creuser, les retourner.

La poussière vole alentour, il ne reste bientôt plus un arbre, plus un brin d'herbe sur ce sol désolé, éventré de part en part. Hélas ! on ne trouve rien. La troupe s'essouffle, se décourage, on lui adjoint des travailleurs recrutés sur place et une nuée d'esclaves. C'est Bassus qui dirige les opérations, suivi de l'intendant mandaté par l'empereur.

Mais des messages envoyés par le palais arrivent de plus en plus fréquemment de Rome. Où en est-on ? N'a-t-on pas enfin découvert le trésor ? Néron s'impatiente : sera-ce encore long ?

Enfin, il faut un jour admettre l'amère vérité : cette terre ravagée, ouverte de toutes parts, ce désert poussiéreux et navrant ne recèle aucun souterrain, ne dissimule aucun trésor. Les pioches ont creusé plus profond que les pierres noircies de l'ancienne Carthage, plus profond même que les racines torses et calcinées des vieux oliviers qui virent jadis passer le grand Hannibal.

Rien, il n'y a rien...

Quand il apprit la nouvelle, Néron entra dans une terrible colère. Ainsi, un vil Carthaginois l'avait abusé ! Un marchand d'Afrique s'était permis de bafouer la majesté impériale, de dilapider pour des rêves chimériques les finances de l'État romain. Crime inexpiable, forfait qui criait vengeance ! Il envoya donc au gouverneur de la province un messager lui intimant l'ordre d'appréhender immédiatement le coupable au nom de l'empereur.

Le pauvre Bassus fut anéanti par ce dernier coup du sort. Où étaient donc maintenant les rêves de grandeur, les espoirs exaltants d'hier ? Il avait tout perdu, on venait pour l'arrêter, il serait sans nul doute condamné à mort...

Il se tourna vers l'intendant de Néron qui l'avait accompagné dans ses fouilles passionnées et illusoires :

« Conseille-moi, toi qui es romain, que convient-il que je fasse ?

— En pareil cas, ami, les gens bien nés ont coutume de s'ouvrir les veines dans leur bain. C'est la méthode la plus douce pour mourir, à ce que l'on prétend. C'est en tout cas celle qui est le plus à la mode actuellement parmi les sénateurs...

— C'est bien, se résigna Bassus. Je vois maintenant que ce devin ne m'avait pas trompé. J'étais de basse origine et je suis monté très haut puisque je vais aujourd'hui mourir comme un sénateur. Mais, à dire vrai, je n'en demandais pas tant ! »

Près du petit port de la Goulette, le soleil dore les ruines de la Carthage romaine que les touristes parcourent de nos jours dans l'odeur des plantes balsamiques. À grands pas, le guide entraîne sa troupe fatiguée et distraite en débitant le même discours dans l'idiome adéquat. Après quoi, il reconduit tout son monde au car qui l'emmènera vers de nouveaux sites, le rocher de Sidi-Bou-Saïd ou les souks de Tunis...

Mais si, dédaignant la visite en groupe, et l'horaire, et le guide trop disert, vous allez tranquillement par les ruines caresser le marbre d'un chapiteau meurtri, déchiffrer une inscription que le temps efface sur une stèle, ou taquiner les petits lézards qui dorment sur la pierre sèche, vous verrez sans doute quelque vieux Tunisien à la chéchia d'un rouge délavé, qui viendra courtoisement accompagner votre promenade, au nom de l'hospitalité, ici toute naturelle.

Il vous dira à sa manière, qui vaut bien celle du guide, l'histoire des ruines et la légende de la noble cité disparue. N'ayez aucune crainte : sa voix discrète n'effarouchera pas les grandes ombres qui hantent vos rêveries et peut-être même évoquera-t-elle l'ombre falote du pauvre Bassus qui mourut pour avoir trop désiré le trésor de Carthage !

« Mais personne ne possédera jamais ce trésor, conclura votre compagnon. Pourtant, les gens d'ici n'ignorent pas son existence.

« On dit qu'une galerie longue et étroite, partant d'une falaise, s'enfonce profondément dans la terre et conduit à la cachette. Mais on dit aussi que le trésor est gardé par les Djinns [1] et que la mort frappe impitoyablement le téméraire qui s'approche de l'or interdit. »

Existe-t-il donc des intrépides pour se rire de la menace des Djinns ? Il faut le supposer car parfois, l'hiver, par les nuits sans lune, quand le vent gronde sur la mer et que des ténèbres épaisses enveloppent les ruines, on croirait entendre un bruit de fer, comme si une pelle ou une pioche sonnait contre le roc.

Un chien réveillé aboie, un autre lui répond : le bruit s'arrête alors, pour reprendre un moment après quand le calme est revenu. Qui est donc ce travailleur nocturne ? Le fantôme de Bassus s'acharne-t-il par-delà la mort à poursuivre son éclatante chimère ?

Les gens de Sidi-Bou-Saïd ne le croient guère. Ils pensent avec beaucoup plus de vraisemblance que certains de nos contemporains, poussés par l'appât du gain ou les fantasmes de leur imagination, n'ont pas renoncé à découvrir le trésor légendaire apporté jadis à Carthage par Didon la Phénicienne.

Et qui sait ?...

1. Les esprits, bienfaisants ou malfaisants, dans les croyances musulmanes.

XII

UNE AUTRE LUMIÈRE

C'était au mois de septembre 430. Dans l'Afrique mise à sac par les Vandales, la ville d'Hippone assiégée depuis plusieurs mois résistait encore, défendue par des Goths !

L'Empire qui avait si longtemps imposé la loi et la paix romaines aux Barbares, qui avait planté sur le monde l'orgueil de ses arcs de triomphe, l'ordre de ses colonnes, jeté partout le réseau serré de ses voies, de ses ponts et de ses aqueducs, l'Empire lentement se mourait : il y avait vingt ans déjà que les hordes d'Alaric avaient abreuvé leurs chevaux dans le Tibre...

Augustin [1], l'évêque d'Hippone, se mourait aussi dans la ville assiégée. Ce vieillard de soixante-quinze ans, père et pasteur de ses ouailles, avait longtemps soutenu leur courage, prêché l'espoir et la confiance en Dieu, à mesure que les nouvelles alarmantes se rapprochaient. Il s'était lui-même entremis pour obtenir que la ville, une des dernières citadelles d'Afrique, fût défendue et non abandonnée sans lutte au pillage des Vandales.

1. Saint Augustin (354-430 ap. J.-C.).

Enfin, il avait su rappeler fermement aux évêques et aux prêtres qu'ils ne devaient jamais fuir, mais rester dans leurs diocèses, leurs églises, jusqu'au bout, jusqu'au martyre, pour accomplir leur ministère et aider leurs fidèles à bien mourir.

Mais la maladie avait eu raison de lui : la fièvre ne le quittait plus et désormais ses jours, ses heures étaient comptés. Le vieux combattant du Christ qui, pendant quarante ans, avait lutté sans relâche pour la lumière de la Vérité devait enfin déposer les armes !

Et tandis qu'arrivait parfois l'écho des buccins sonnant quelque alerte aux remparts, tandis que devant la cellule du moribond les amis et les serviteurs s'entretenaient à voix basse, Augustin poursuivait inlassablement son monologue intérieur devant ce Dieu qu'il allait bientôt contempler face à face, et dont son âme, toute sa vie, avait eu soif.

« Ô Seigneur, voici que pour moi le soir tombe ; et comme mon cœur inquiet aspire à se reposer enfin en toi ! Mais accueilleras-tu dans ta bonté le pécheur que je fus ? Me pardonneras-tu mes refus et mes dérobades ? Oublie, ô mon Dieu, qu'après t'avoir reconnu, je me défendis de toi si longtemps, oublie que Ta Grâce a dû piéger mon âme rétive ! »

Des images d'autrefois se pressent à la mémoire du mourant. Il revoit le pays riant et frais de Thagaste, sa ville natale, son marché bariolé, l'ombre de sa colonnade où il faisait si bon lancer les dés sur le marbre — et surtout le doux sourire de Monique, sa pieuse mère. Près d'elle, il a bu à longs traits, avec ravissement, le lait de la tendresse humaine...

« Et je ne songeais qu'à jouer. »

C'est vrai qu'il n'aimait pas beaucoup l'école, le maître sévère et sa férule, la discipline qu'on prétendait lui imposer à lui qui ne savait travailler que par jeu.

Puis, le long de la vallée encaissée du Macar, à travers la campagne poudrée de lumière, on le conduisit à Madaure pour le confier à un grammairien renommé. Il boudait les auteurs grecs qu'il n'appréciait pas beaucoup, mais avec quelles délices ne découvrait-il pas les chants d'amour des poètes latins ! Comme sa jeune âme ardente s'enfiévrait aux harmonieuses lamentations de la reine Didon amoureuse et trahie !

« Ô Seigneur, soupire Augustin, en ces jours de ténèbres, je ne connaissais pas encore le prix infini de ton amour, et de tout mon cœur altéré, je buvais à cette musique de perdition ! »

Seize ans. Il en avait fini avec les grammairiens. De retour à Thagaste, il connaît de longues et folles vacances, la bride sur le cou, avec des camarades de son âge. Ce sont des fréquentations douteuses, les plaisirs faciles, le temps gaspillé sans remords :

« Je me laissais emporter çà et là. Je m'écoulais comme une eau vaine, et tu te taisais, mon Dieu ! »

Monique souffrait, elle, et devinait que ce fils chéri était en danger de se perdre. Mais Augustin se moquait bien de ses larmes et de ses conseils !

Enfin, l'on espérait que le fol adolescent deviendrait un étudiant sage et l'on décida de l'envoyer à Carthage parfaire son éducation auprès des rhéteurs en renom, comme c'était la coutume pour les jeunes Africains de bonne famille. Augustin partit, avide de science, de gloire, de plaisir, pour la grande ville inconnue.

« Je vins à Carthage, hélas, dans cette ville brillante et corrompue, si bien faite pour séduire un jeune cœur et le perdre à jamais ! »

Augustin se rappelle combien la grande cité l'avait ébloui dès le premier regard. Du haut de l'escalier monumental du temple d'Esculape[1], il la regardait descendre, immense et régulière, vers l'infini lumineux de la mer, avec ses maisons à terrasses, ses sanctuaires altiers, son théâtre, son cirque, son odéon : elle était pour le jeune homme l'image même de la grandeur et de la beauté créées par l'ordre romain.

Tout Africain qu'il fût, n'avait-il pas frémi d'enthousiasme et d'orgueil devant les aigles dressées sur l'Acropole de Carthage ? Il avait alors profondément compris ce titre de « citoyen romain », ce sentiment exaltant d'appartenir à une communauté qui, par-delà les races et les préjugés locaux, s'étendait sur la terre entière ! Et maintenant, cet Empire tombait en poussière !

« Seigneur, je le sais, murmure Augustin, ton royaume n'est pas de ce monde et les armes des Barbares ne l'ébranleront point... Mais en ces temps de mauvaise jeunesse, mon cœur sourd à ta parole n'entendait que les voix de l'orgueil !... »

Carthage ! Toutes les philosophies, toutes les religions s'y rencontraient, autant qu'à Rome même ! Le culte de la Divinité impériale voisinait avec celui de Tanit, la Vierge céleste, de Sérapis ou de Mithra. Ou bien c'était une procession en l'honneur de Cybèle, la Grande Mère des dieux, que l'on croisait : au son des cymbales et des sistres, la statue habillée d'étoffes précieuses, fardée et frisée, traversait la ville dans une litière de parade avec son cortège de prêtres pommadés et maquillés de blanc qui tendaient leur sébile aux spectateurs.

On consultait les astrologues, les devins ; on croyait aux sortilèges de la magie ; on se penchait sur les

1. Le temple d'Esculape avait remplacé le temple d'Eschmoun de la Carthage punique.

entrailles pantelantes des victimes pour leur arracher le secret des volontés célestes.

Et les chrétiens eux-mêmes se déchiraient entre eux, s'opposaient en sectes rivales ! Pour Augustin, qui aspirait à s'affranchir des enseignements maternels, à libérer son esprit et son cœur, quel excellent prétexte !

« Et tu te taisais encore, Seigneur ! »

Carthage : ce fut aussi pour Augustin l'amitié avec des camarades choisis, la joie profonde de tout partager dans une familiarité de chaque instant, dans une exaltation continuelle de l'esprit. À la mémoire du mourant reviennent quelques vers d'une chanson grecque qu'ils aimèrent tant alors :

Buvons ensemble, soyons jeunes ensemble !
Ensemble couronnons-nous de fleurs !
Ensemble soyons fous, et soyons sages ensemble !

Sages, ils l'étaient souvent : assidus aux leçons du rhéteur, s'entraînant à déclamer devant leurs condisciples, discutant entre eux passionnément, bien longtemps après le cours, à la poursuite de quelque vérité subtile qui se dérobait.

Parmi eux, Augustin était le plus brillant, il l'emportait en tout, et chacun s'accordait à lui promettre un glorieux avenir. Mais il se jetait parfois avec la même ardeur dans le plaisir que dans le travail et entraînait ses camarades à des beuveries et à des débauches, pour éprouver ensuite amèrement combien ces folies étaient décevantes et indignes de lui...

« C'est alors, ô mon Dieu, que tu me frappas pour m'avertir, mais dans la dureté de mon cœur je n'ai pas voulu comprendre... »

Augustin revit les heures douloureuses de la mort de son ami :

« Il était la moitié de moi-même, Seigneur, et c'est lui que tu as immolé pour m'ouvrir les yeux ! »

Augustin avait alors vingt ans. Ses études de rhétorique terminées, il s'interrogeait sur son avenir ; et son âme inquiète se cherchait elle-même dans le trouble et le doute.

Et, soudain, son meilleur ami tomba malade : le compagnon de toujours, celui qui, depuis la petite école de Thagaste, avait partagé ses joies et ses peines, ses désarrois comme ses exaltations. En quelques jours, le jeune homme fut à l'article de la mort ; il reçut pieusement le baptême, car il n'était encore que catéchumène[1], puis il s'éteignit en prodiguant à Augustin les plus nobles exhortations.

Augustin en fut abattu jusqu'au désespoir :

« Mon cœur se remplit de ténèbres. Tout pour moi ne parlait que de mort. Partout, mes yeux le cherchaient : ce que j'avais autrefois goûté avec lui me devenait un intolérable supplice... Je pleurais sur lui, et cependant, Seigneur, c'est sur moi-même que j'aurais dû verser des larmes, puisque tu l'avais accueilli dans ta lumière et que je demeurais dans la nuit du péché ! »

Cette main que Dieu lui tendait alors, comment l'a-t-il refusée ?

Neuf années s'écoulèrent encore à Carthage : années vides, toutes vouées à la recherche de la gloire. Augustin était devenu un rhéteur célèbre, il aspirait à la suprême considération : enseigner à Rome.

Une fois de plus, Monique pleura en vain. Augustin partit.

Rome, « la ville d'or » ! Elle resplendissait sur l'Empire avec son orgueil, son faste, ses vulgarités

1. À cette époque, le baptême se donnait souvent à l'âge adulte seulement.

de parvenue... Partout éclatait le luxe oriental, brillaient les soies et les pierreries, tandis qu'à l'Amphithéâtre le sang rougissait l'arène aux cris de la foule excitée qui acclamait la mort !

Devant ces tueries, le cœur d'Augustin se soulevait de dégoût et d'horreur...

À Rome, Augustin noua rapidement de flatteuses relations, mais il ne ressentait en lui-même qu'une immense misère. Les élèves se pressaient à ses cours, mais il n'y trouvait aucune joie :

« Je vendais des mots... »

Des vagues de tristesse l'inondaient ; il était comme rongé par une maladie de l'âme, un dégoût croissant de la vie et des hommes.

« Seigneur, je sentais se tendre en moi une volonté nouvelle qui n'était pas la mienne, et contre laquelle je luttais parce que j'aimais trop mes péchés ! »

C'était dans un jardin de Milan que le Christ attendait Augustin...

Le vieillard revoit encore la tonnelle, le banc de pierre à l'ombre du figuier ; derrière, la maison blanche et basse qu'il habitait alors, depuis qu'il était venu enseigner à Milan.

Mais on a beau changer de ville, on ne se fuit pas soi-même : ses tourments intérieurs, toujours plus déchirants, avaient accompagné Augustin.

Or, il reçut un jour la visite d'un ami de Carthage, Pontitianus, fonctionnaire du Palais. Ils évoquèrent longtemps l'incertitude du temps, l'Empire qui n'existait plus que de nom, l'armée presque entièrement aux mains des Barbares.

Mais Pontitianus parlait avec une étonnante sérénité de ce temps du malheur peut-être si proche. C'est que Pontitianus était un fervent chrétien : il comptait pour peu de chose les biens éphémères et trouvait en Dieu seul son bonheur et sa paix.

Augustin avait été profondément remué par cet entretien. Lui qui n'était que trouble et désespoir, lui qui dès sa jeunesse avait poursuivi des joies qui n'étaient que leurres et mettaient à l'âme un goût de cendre, comme il aspirait à boire enfin à la même source que Pontitianus !

Il errait dans le jardin, s'asseyait sous le figuier, bouleversé :

« Mon Dieu, suppliait-il, je crois en toi, je veux être heureux en toi, mais le cœur me manque pour les renoncements que ta rigueur exige ! Aide ma faiblesse, donne-moi un signe ! »

Et tandis qu'il pleurait et priait, le front appuyé contre l'écorce du figuier, voici que du jardin voisin montèrent des voix d'enfants, des voix claires qui répétaient en cadence :

Prends et lis ! Prends et lis !

Était-ce une ronde, une comptine comme les petits en chantent parfois ? Augustin essaya de retrouver dans sa mémoire ce rythme, ces paroles. Dans la cour de l'école, à Thagaste peut-être ? Mais non, rien de semblable ne lui revenait à l'esprit…

Et les voix aiguës continuaient à scander :

Prends et lis ! Prends et lis !

Le signe ! Brusquement, Augustin se leva et se précipita dans la maison. Sur la petite table près de laquelle était assis tout à l'heure Pontitianus, un livre oublié par son ami : les *Épîtres* de Paul. Il l'ouvrit fébrilement et lut le premier verset qui lui tomba sous les yeux :

« Ne vivez plus dans l'impureté, écrivait l'apôtre, renoncez aux passions de la terre et confiez-vous entièrement au Seigneur Jésus-Christ. »

Une grande paix l'inonda aussitôt : la lutte épuisante était finie, Dieu venait de gagner pour toujours :

« Seigneur, murmura Augustin, le visage mouillé de larmes de joie, Seigneur, je te donne tout. »

« Je n'avais pas encore trente-trois ans, ô mon Dieu. Et depuis, dans ta bonté, tu n'as cessé de me conduire par la main. »

Désormais, la volonté d'Augustin s'effaça en toutes circonstances devant celle de Dieu. Il rêvait de vie monastique : dès son retour à Carthage, il avait donné ses biens aux pauvres et fondé une petite communauté à Thagaste.

Mais Dieu l'appelait à un autre ministère : ordonné prêtre, il dut accepter l'épiscopat d'Hippone et tandis que, par ses écrits, il continuait de lutter activement contre les hérétiques, il lui fallut aussi gouverner son diocèse, prêcher, juger, réconforter, rappeler à l'ordre parfois...

Pendant quarante ans, il avait parcouru à cheval ou à mulet les campagnes d'Hippone, portant en tout lieu la bonne nouvelle de l'Évangile, tant qu'il avait eu des forces. Et, aujourd'hui, Augustin allait enfin entrer dans le repos.

« Mais oublieras-tu, Seigneur, oublieras-tu qu'il t'a fallu jadis traquer si longtemps mon âme ? »

L'ombre s'appesantit sur les yeux d'Augustin qui ne s'ouvriront plus désormais que sur la lumière triomphante de la Cité de Dieu.

Sur le deuil éclatant de l'Empire tombe la grande nuit barbare. Mais déjà, victorieuse des ténèbres et du mal, une autre lumière s'est levée pour éclairer l'espoir du monde.

TABLE DES MATIÈRES

Achevé d'imprimer
par Maury-Eurolivres S.A.
45300 Manchecourt